Gender Studies

Previous Years' MCQs of Tripura University and
Answers with short descriptions

Shantaraj Debbarma

ISBN 978-93-5458-424-4
© Shantaraj Debbarma 2021
Published in India 2021 by Pencil

A brand of

One Point Six Technologies Pvt. Ltd.
123, Building J2, Shram Seva Premises,
Wadala Truck Terminal, Wadala (E)
Mumbai 400037, Maharashtra, INDIA
E connect@thepencilapp.com
W www.thepencilapp.com

DISCLAIMER: *The opinions expressed in this book are those of the authors and do not purport to reflect the views of the Publisher.*

Author biography

Shantaraj Debbarma is an Assistant Professor of Philosophy by profession in Government Degree College. Presently he is working at Adwaita Malla Barman Smriti Mahavidyalaya at Amarpur, Tripura. He is the author of the books The Philosophy of Tipra, The Calling, Behind the Eyes, Notebook, Chitha Pristha etc. and many articles. He lives in Tripura, a tiny state of India.

CONTENTS

Preface

This book has a collection of previous years' MCQs and Answers with a short explanation of Gender Studies. It is highly useful for the TDP/TDPH Six semester students of Tripura University. The Questions and Answers with short explanations will definitely help the students to understand the concept of gender and also give an exact idea of the examination. The answer has also been explained in Bengali so that the students of Bangla Medium can understand it better.

This book has been completed very quickly so that the students currently studying in the sixth semester can benefit from reading this book.

I am grateful to those books, authors, and websites from where I have collected the information and compiled this book. Most of the information I have collected from Wikipedia and the concerned department's website.

Heartily thanks to all

Acknowledgements

This book has been completed very quickly so that the students currently studying in the sixth semester can benefit from reading this book.

I am grateful to those books, authors, Youtube Channel and websites from where I have collected the information and compiled this book. Most of the information I have collected from Wikipedia and the concerned department's website.

I would also like to acknowledge everyone who played a role directly and indirectly in my task. First of all my parents, my cousins, without you I could never have reached this current level. My wife Prima who support, love and understand me in every canopy, my six month old daughter Sannidhi who is sitting on her mother's lap staring at my laptop. Thank you all for your unwavering support.

In the end the people whose words, writing and behavior inspire me in my actions. Special thanks to all the writers whose writing I have read.

Heartily thanks to all

MCQs of 2020 & Answers with short description

1. The first International Women's Day was celebrated in
a) 1911
b) 1999
c) 1987
d) 1912
Ans. a) 1911

On 9 March 1911 IWD was first celebrated in Austria, Denmark, Germany and Switzerland for women's right, vote, be trained, public office and end discrimination.

India observed national women's day on Feb. 13 to mark the birth anniversary of Sarojini Naidu, who is popularly known as Nightingale of India. She was the first woman president of Indian National Congress (1925). She was the First woman Governor of a state of United Provinces, presently known as Uttar Pradesh.

1911 সালের 9 মার্চ আইডাব্লুডি প্রথমবার অস্ট্রিয়া, ডেনমার্ক, জার্মানি এবং সুইজারল্যান্ডে নারীর অধিকার, ভোট, প্রশিক্ষণ, পাবলিক অফিস এবং বৈষম্যের অবসানের জন্য উদযাপিত হয়েছিল।

ভারতেও ভারতের নাইটিংগেল নামে খ্যাত সরোজিনী নাইডুর জন্মবার্ষিকী উপলক্ষে ১৩ ফেব্রুয়ারি জাতীয় মহিলা দিবস পালন করা হয়। তিনি ভারতীয়

জাতীয় কংগ্রেসের প্রথম মহিলা রাষ্ট্রপতি ছিলেন (১৯২৫)। তিনি ছিলেন ইউনাইটেড প্রদেশগুলির প্রথম মহিলা রাজ্যপাল, যা বর্তমানে উত্তরপ্রদেশ নামে পরিচিত।

2. Whose effort led to the widow remarriage act of 1856?

a) Iswar Chandra Vidyasagar

b) Ram mohan Roy

c) R. N. Tagore

d) Gandhi

Ans. a) Iswar Chandra Vidyasagar

He was an Indian educator and social reformer. Born on 26 sep. 1820 and died on 29 July 1891. He is considered the father of Bengali Prose. The Hindu Remarriage Act, 1856 enacted on 26 July. It was drafted by Lord Dalhousie and passed by Lord Canning.

তিনি একজন ভারতীয় শিক্ষাবিদ এবং সমাজ সংস্কারক ছিলেন। 26 সেপ্টেম্বর 1820 সালে তিনি জন্মগ্রহণ এবং 29 জুলাই 1891 সালে তিনি মারা যান। তিনি বাংলা গদ্যের জনক হিসাবে বিবেচিত হন। ২ জুলাই হিন্দু পুনর্বিবাহ আইন, 1856 সালে কার্যকর করা হয়েছিল। এটি লর্ড ডালহৌসি দ্বারা খসড়া করা হয়েছিল এবং লর্ড ক্যানিং দ্বারা পাস হয়েছিল।

3. The committee on the status of women in India was formed in

a) 1971

b) 1989

c) 1982

d) 1999

Ans. a) 1971

4. Who said 'one is not born a woman, one becomes a

woman'?

a) Simone de Beauvoir

b) Wollstonecraft

c) Millet

d) None of the above

Ans. a) Simone de Beauvoir

She was born 9 January 1908 and died on 14 April 1986. She was a French writer, existentialist, feminist and social theorist. When a girl's body matures, society reacts in an increasingly hostile and threatening manner. Slowly a girl becomes a flesh. A girl is forced to think that she is flesh though she does not want to think like this. Society forces her to think that way.

তিনি জন্মগ্রহণ করেছিলেন ৯ জানুয়ারী ১৯০৮ এবং তিনি ১৪ এপ্রিল মারা যান৷ তিনি ছিলেন ফরাসি লেখক, অস্তিত্ববাদী, নারীবাদী এবং সামাজ তাত্ত্বিক৷ যখন কোনও মেয়ের দেহ পরিপক্ক হয়, তখন সমাজ ক্রমবর্ধমান প্রতিকূল ও হুমকিপূর্ণ প্রতিক্রিয়া দেখায় তার প্রতি৷ আস্তে আস্তে একটি মেয়ে মাংসে পরিণত হয়৷ কোনও মেয়েকে ভাবতে বাধ্য করা হয় যে তিনি মাংস সর্বস্ব জীব যার শুধু দেহই আছে অন্যকিছু নেই৷ যদিও সে এরকম ভাবতে চায় না৷ সমাজ তাকে সেভাবে ভাবতে বাধ্য করে৷

5. Who wrote the book 'Sexual Politics'?

a) Simone de Beauvoir

b) Wollstonecraft

c) Kate Millett

d) None of the above

Ans. c) Kate Millett

Kate Millett was born on 14 September 1934 and died on 6 September 2017. She was a American feminist writer. The book Sexual Politics is one of the classic books of feminism and one of radical feminism's key texts. Millet thinks that Patriarchy plays a major role in sexual relations and sex has the neglected aspect of politics. The basis of Woman oppression is politics and culture.

কেট মিললেট জন্মগ্রহণ করেছেন 14 সেপ্টেম্বর 1934 এবং 6 সেপ্টেম্বর 2017 এ মারা যান। তিনি আমেরিকান নারীবাদী লেখক। সেক্সুয়াল পলিটিক্স বইটি নারীবাদের অন্যতম ধ্রুপদী বই এবং মূলত নারীবাদের অন্যতম মূল গ্রন্থ। মিলেট মনে করেন যে যৌন সম্পর্কের ক্ষেত্রে পিতৃতন্ত্র একটি প্রধান ভূমিকা পালন করে এবং যৌনতার রাজনীতির অবহেলিত দিক রয়েছে। নারী নিপীড়নের ভিত্তি হ'ল রাজনীতি ও সংস্কৃতি।

6. Who wrote the essay 'Caste and Gender'?

a) Simone de Beauvoir

b) Wollstonecraft

c) Kate Millett

d) Leela Dube

Ans. d) Leela Dube

Leela Dube born on 27 March 1923 and died on 20 May 2012 was a renowned Anthropologist and Feminist writer. Caste and Gender are highly correlated. Both Upper class and lower class woman faces the gender discrimination. However the situation of lower class women is worse than upper class women. Some women received the privileges, but those privileges are granted only when it is accepted by the patriarchal mode of society.

লীলা ডুবে১৯৩৩ সালের ২ মার্চ জন্মগ্রহণ করেছিলেন এবং ২০ শে মে ২০১২ তারিখে তিনি মারা গিয়েছিলেন। তিনি একজন খ্যাতিমান নৃতত্ত্ববিদ এবং নারীবাদী লেখক। তিনি মনে করেন বর্ণ ও লিঙ্গ অত্যন্ত পারস্পরিক সম্পর্কযুক্ত। উচ্চবিত্ত এবং নিম্ন শ্রেণির উভয় মহিলাই লিঙ্গ বৈষম্যের মুখোমুখি হন। তবে নিম্ন শ্রেণীর মহিলাদের অবস্থা উচ্চবিত্ত মহিলাদের চেয়ে খারাপ হয়ে থাকে। কিছু মহিলা এই সমাজে সুযোগ-সুবিধাগুলি পেয়ে থাকে, কিন্তু এই সুযোগগুলি তখনই মঞ্জুর হয়

যখন তা সমাজের পুরুষতান্ত্রিক পদ্ধতিতে গৃহীত হয়।

7. Which amendment introduces 33 percent seats reservation in rural local self-government for women in India?

a) The 73rd Constitutional Amendment Act

b) The 74th Constitutional Amendment Act

c) The 76th Constitutional Amendment Act

d) The 79th Constitutional Amendment Act

Ans. a) The 73rd Constitutional Amendment Act

The 73rd Constitutional Amendment Act provides three tiers Panchayat Raj system at village, Intermediate and district level. This act gives more power and authority to local governments or Panchayats to act as self-government. It makes provision for the reservation of women, Scheduled Caste, Scheduled tribes and other backward classes. Presently the Panchayat Raj system is functioning in all the states except Nagaland, Mizoram and in all Union territories except Delhi.

73তম সংবিধান সংশোধন আইন গ্রাম পঞ্চায়েত, পঞ্চায়েত সমিতি বা ব্লক স্তর ও জেলা পর্যায়ে তিন স্তরের পঞ্চায়েত রাজ ব্যবস্থার কথা বলে। এই আইন স্থানীয় সরকার বা পঞ্চায়েতকে স্ব-শাসন হিসাবে কাজ করার জন্য আরও ক্ষমতা এবং কর্তৃত্ব দেয়। এটি মহিলা, তফসিলি জাতি, তফসিলি উপজাতি এবং অন্যান্য পিছিয়ে পড়া শ্রেণির সংরক্ষণের বিধান করে। বর্তমানে পঞ্চায়েত রাজ ব্যবস্থা নাগাল্যান্ড, মিজোরাম বাদে সব রাজ্যে চালু আছে এবং দিল্লি বাদে সমস্ত কেন্দ্রশাসিত অঞ্চলে কাজ করছে।

8. What percentage of seats are reserved for women in local self- government in Tripura?

a) 50 percent

b) 40 percent

c) 29 percent

d) 33 percent

Ans. a) 50 percent

The Tripura cabinet has agreed to the centre's amendment bill of Article 243(D) of the constitution to reserve 50 percent of the total no. of seats for the fair sex and women empowerment in three tires village Panchayats and Nagar Panchayats.

ত্রিপুরা মন্ত্রিপরিষদ সংবিধানের ২৪৩ (ডি) এর সংশোধনী বিল অনুযায়ী ৫০ শতাংশ সংরক্ষণের বিষয়ে একমত হয়েছেন।গ্রাম পঞ্চায়েত, পঞ্চায়েত সমিতি এবং জেলা পরিষদ এবং নগর পঞ্চায়েতে মহিলাদের প্রতিনিধিত্ব বাড়ানো এবং মহিলা ক্ষমতায়নের জন্য এই আসন সংরক্ষিত রাখা হয়েছে।

9. The National Commission for Women presents an annual report to the

a) Central Government

b) State Government

c) President

d) Lok sabha

Ans. a) Central Government

National Commission for Women is the statutory body of the Government of India. The commission was established on 31st January 1992. The first head of the commission was Jayanti Patnaik. The objective of NCW is to raise a voice for women. It also campaigns regarding dowry, equal representation of men and women, women jobs and the exploitation of the women for labor. Review the constitutional and legal safeguards for women. The commission advises the Government on all policy matters affecting women. The point is that the NCW discusses and is aware of all women related issues. The commission publishes regularly the newsletter known as Rastra Mahila, in both Hindi and English language. The present chairperson of the NCW is Rekha Sharma.

জাতীয় মহিলা কমিশন ভারত সরকারের সংবিধিবদ্ধ সংস্থা। কমিশনটি ৩১ শে জানুয়ারী, 1992-এ প্রতিষ্ঠিত হয়েছিল। এর প্রথম প্রধান ছিলেন জয়ন্তী পট্টনায়েক। এনসিডব্লিউর উদ্দেশ্য হ'ল মহিলাদের জন্য আওয়াজ তোলা মহিলাদের উন্নয়নের জন্য কথা বলা। এটি যৌতুক, পুরুষ ও মহিলাদের সমান প্রতিনিধিত্ব, মহিলাদের চাকরি এবং শ্রমের জন্য নারীদের শোষণ সম্পর্কিত প্রচারও চালায়। মহিলাদের জন্য সাংবিধানিক এবং আইনী সুরক্ষা পর্যালোচনা, এই কমিশন করে থাকে। এই কমিশন মহিলাদের প্রভাবিত করে এমন সকল নীতিমালা বিষয়ে সরকারকে পরামর্শ দেয়। মূল বক্তব্যটি হ'ল এনসিডব্লিউ মহিলা সম্পর্কিত সমস্ত বিষয় নিয়ে আলোচনা করে এবং মানুষদের সচেতন করে। কমিশন হিন্দি এবং ইংরেজি উভয় ভাষায় নিয়মিত 'রাষ্ট্র মহিলা' নামে পরিচিত নিউজলেটার প্রকাশ করে। এনসিডব্লিউর বর্তমান চেয়ারপারসন হলেন রেখা শর্মা।

10. Who among the following first argued, 'women's subordination was the consequence of a division between the public and private world?'

a) Simone de Beauvoir

b) Wollstonecraft

c) Kate Millett

d) M. Z. Rosaldo

Ans. d) M. Z. Rosaldo

Michelle Zimbalist Rosaldo (1944 -1981) was a social and Psychological Anthropologist. She was famous for women's studies and the Anthropology of gender. 'Knowledge and Passion' and 'Women Culture & Society' are her two famous books.

মিশেল জিম্বালিস্ট রোজালদো (1944 -1981) একজন সামাজিক ও মানসিক নৃবিজ্ঞানী ছিলেন। তিনি মহিলাদের পড়াশোনা এবং লিঙ্গ নৃতত্ত্বের জন্য বিখ্যাত ছিলেন। 'জ্ঞান এবং প্যাশন' এবং 'মহিলা সংস্কৃতি ও সমাজ' তাঁর দুটি বিখ্যাত বই।

11. Who said 'Woman is the companion of man fitted with equal mental capacities?'

a) Iswar Chandra Vidyasagar

b) Ram mohan Roy

c) R. N. Tagore

d) Mahatma Gandhi

Ans. d) Mahatma Gandhi

Mahatma Gandhi (born October 2, 1869 in Porbandar – died January 30, 1948 in Delhi) was the Indian lawyer, political ethicist and India's non- violent leader of the Independence movement against the British rule. Gandhi thinks that women should be treated as equally as men in the private as well as public sector society. Women have been suppressed because of law and customs which are created by the men. So the man should work for the development and upliftment of the woman. He also said that women are more superior to men in their moral and spiritual strength.

মহাত্মা গান্ধী (জন্ম 2 অক্টোবর 1869 পোরবন্দরে - 30 জানুয়ারি, 1948 দিল্লিতে মারা গিয়েছিলেন) ছিলেন ভারতীয় আইনজীবী, রাজনৈতিক নীতিশাস্ত্রী এবং ব্রিটিশ শাসনের বিরুদ্ধে স্বাধীনতা আন্দোলনের ভারতের অহিংস নেতা। গান্ধী মনে করেন যে বেসরকারী এবং সরকারী স্থানে, সমাজে পুরুষ এবং মহিলদের সাথে সমান আচরণ করা উচিত। পুরুষদের দ্বারা তৈরি আইন ও রীতিনীতিগুলির কারণে মহিলারা অবদমিত এবং অবহেলিত হচ্ছে। সুতরাং পুরুষের উচিত মহিলার বিকাশ ও উন্নয়নের জন্য কাজ করা। তিনি আরও বলেছিলেন যে নারীরা তাদের নৈতিক ও আধ্যাত্মিক শক্তিতে পুরুষদের চেয়ে বেশি উন্নত।

12. Who was the first woman teacher in India?

a) Iswar Chandra Vidyasagar

b) Ram mohan Roy

c) R. N. Tagore

d) Savitribai Phule

Ans. d) Savitribai Phule

Savitribai Phule (3 January 1831- 10 March 1897) was an Indian educationist, social reformer and poet from Maharashtra. She played a very important role for women education, women rights and to abolish the discrimination on the basis of caste and gender. She is also considered as the mother of Indian feminism. She and her husband Jyotirao Phule established the first Indian girls' school in Pune.

সাবিত্রিভাই ফুল (3 জানুয়ারী 1831- 10 মার্চ 1897) ছিলেন একজন ভারতীয় শিক্ষাবিদ, সমাজ সংস্কারক এবং মহারাষ্ট্রের কবি। তিনি নারী শিক্ষা, নারীর অধিকার এবং বর্ণ ও লিঙ্গ ভিত্তিতে বৈষম্য দূরীকরণে অত্যন্ত গুরুত্বপূর্ণ ভূমিকা পালন করেছিলেন। তিনি ভারতীয় নারীবাদের জননী হিসাবেও বিবেচিত হন। তিনি এবং তাঁর স্বামী জ্যোতিরাও ফুলে পুনেতে প্রথম ভারতীয় বালিকা বিদ্যালয় প্রতিষ্ঠা করেছিলেন।

13. Women's Indian Association was started by

a) Annie Besant

b) Ram mohan Roy

c) R. N. Tagore

d) Savitribai Phule

Ans. a) Annie Besant

In 1917, prominent social and political activists Margaret Cousins, Kamaladevi Chattopadhyaya, Annie Besant, Muthulaxmi Reddy and others founded the WIA at Madras. This association fights against not only socio-economic and political matters related to women, but also the illiteracy of girl child, child marriage, Devdasi system and other social ills which prevents women development.

WIA has a journal called Stri Dharma. It addresses the ideals and beliefs of this association and it also discusses the social and political conditions and issues of the Indian women.

১৯১৭ সালে বিশিষ্ট সামাজিক ও রাজনৈতিক কর্মী মার্গারেট কজিন্স, কমলাদেবী চট্টোপাধ্যায়, অ্যানি বেসেন্ট, মুথুলাক্ষ্মি রেড্ডি এবং অন্যান্যরা মাদ্রাজে ডব্লিউআইএ প্রতিষ্ঠা করেছিলেন। এই সমিতিটি কেবলমাত্র নারীর সাথে সম্পর্কিত আর্থ-সামাজিক এবং রাজনৈতিক বিষয়গুলির বিরুদ্ধে নয়, মেয়েশিশুর নিরক্ষরতা, বাল্য বিবাহ, দেবদাসী ব্যবস্থা এবং অন্যান্য সামাজিক অসুস্থতার বিরুদ্ধেও লড়াই করে যা মহিলাদের বিকাশকে বাধা দেয়। ডব্লুআইএর 'স্ত্রী ধর্ম' নামে একটি জার্নাল রয়েছে। এটি এই সংঘের আদর্শ ও বিশ্বাসকে সম্বোধন করে এবং এটি ভারতীয় মহিলাদের সামাজিক ও রাজনৈতিক পরিস্থিতি এবং বিষয়গুলি নিয়েও আলোচনা করে।

14. All India Women's Conference (AIWC) came into existence in

a) 1971

b) 1989

c) 1982

d)1930

Ans. d) 1930

All India Women's Conference (AIWC) was established in 1927 and registered in 1930 under the Societies Registration Act XXI of 1850. This organization worked for the upliftment and betterment of the women and child. It was founded by Margaret Cousins for the development of women and child education and also to tackle other women's rights issues.

সর্বভারতীয় মহিলা সম্মেলন (এআইডব্লিউসি) 1927 সালে প্রতিষ্ঠিত হয়েছিল এবং 1830 সালের সমিতি নিবন্ধন আইন XXI এর অধীনে 1930 সালে

নিবন্ধিত হয়েছিল৷ এই সংস্থাটি মহিলা ও শিশুর উন্নতি ও উন্নতির জন্য কাজ করে৷ এটি মহিলা এবং শিশুশিক্ষার বিকাশের জন্য এবং মহিলাদের অধিকার সম্পর্কিত সমস্যা মোকাবেলার জন্য মার্গারেট কজিন্স দ্বারা প্রতিষ্ঠিত হয়েছিল৷

15. Name the Human Rights activists in India who was on hunger strike since 2nd November 2000 against the Armed Force Special Power Act.
a) Annie Besant
b) Ram mohan Roy
c) Irom Chanu Sharmila
d) Savitribai Phule
Ans. c) Irom Chanu Sharmila

Irom Chanu Sharmila (14 March 1972-) is a civil rights activist, political right activist from the state of Manipur, India. She is also known as the iron lady of Manipur. She has been called 'the world's longest hunger striker,' because she had been on hunger strike for 16 years. According to the Armed Force Special Power Act, 1958 the security forces have the power to search properties without warrant, and to arrest people and to use deadly force if there is reasonable suspicion that a person is acting against the state.

ইরোম চানু শর্মিলা (১৪ ই মার্চ 1972-) ভারতের মণিপুর রাজ্যের নাগরিক অধিকার কর্মী, রাজনৈতিক অধিকার কর্মী। তিনি মণিপুরের আয়রন মহিলা হিসাবেও পরিচিতা৷ তাকে 'বিশ্বের দীর্ঘতম অনশন ধর্মঘটকারী' বলা হয়, কারণ তিনি 16 বছর ধরে অনশনে ছিলেন। আর্মড ফোর্স স্পেশাল পাওয়ার অ্যাক্ট ১৯৫৮ অনুসারে, কোনও ব্যক্তি রাষ্ট্রের বিরুদ্ধে আচরণ করছে এমন যুক্তিসঙ্গত সন্দেহ থাকলে সুরক্ষা বাহিনীর হাতে বিনা ওয়ান্টে সম্পত্তি অনুসন্ধান করার এবং লোকদের গ্রেপ্তার এবং মারাত্মক শক্তি ব্যবহার করার ক্ষমতা রয়েছে৷

16. Who authored the book 'The Origin of Family, Private

Property and the State?

a) Annie Besant

b) Ram mohan Roy

c) Irom Chanu Sharmila

d) Frederich Engles

Ans. d) Frederich Engles

Frederich Engles (28 November 1820 – 5 August 1895) was a German philosopher, economist, political theorist and revolutionary socialist. This book discusses the ancient society which describes different stages of human development. This book said that the first domestic institution in human history was the matrilineal clan.

ফ্রেডেরিচ এঙ্গেলস (২৮ নভেম্বর 1820 - 5 আগস্ট 1895) ছিলেন একজন জার্মান দার্শনিক, অর্থনীতিবিদ, রাজনৈতিক তাত্ত্বিক এবং বিপ্লবী সমাজতান্ত্রিক। এই বইটিতে প্রাচীন সমাজ নিয়ে আলোচনা করা হয়েছে যা মানব বিকাশের বিভিন্ন স্তরের বর্ণনা দেয়। এই বইয়ে বলা হয়েছে যে মানব ইতিহাসের প্রথম গার্হস্থ্য প্রতিষ্ঠানটি ছিল ম্যাট্রিলিনাল বংশ।

17. In India the pioneer of liberal feminism was

a) Annie Besant

b) Ram mohan Roy

c) Irom Chanu Sharmila

d) Raja Ram Mohan Roy

Ans. d) Raja Ram Mohan Roy

Raja Ram Mohan Roy (22 May 1772 – 27 September 1833) was an educationist, social reformer and one of the founders of Brahmo Sabha. He was known for his effort to abolish Sati system and Child marriage. He is also known as the Father of Bengal Renaissance. The title 'Raja' is given by Akbar II, Mughal Emperor. Liberal feminism is also called mainstream feminism is the feminist theory which focus to achieve the gender equality through political and legal reform within the frame work of liberal democracy.

রাজা রাম মোহন রায় (22 মে 1772 - 27 সেপ্টেম্বর 1833) ছিলেন একজন শিক্ষাবিদ, সমাজ সংস্কারক এবং ব্রাহ্মসভার অন্যতম প্রতিষ্ঠাতা। তিনি সতী ব্যবস্থা এবং বাল্য বিবাহ বিলোপ করার প্রচেষ্টার জন্য পরিচিত ছিলেন। তিনি বঙ্গীয় রেনেসাঁর ফাদার হিসাবেও পরিচিত। 'রাজা' উপাধিটি মোগল সম্রাট দ্বিতীয় আকবর তাকে দিয়েছেন। লিবারেল ফেমিনিজমকে মূলধারার নারীবাদও বলা হয়। এটি একটি নারীবাদী তত্ত্ব যা উদারনৈতিক গণতন্ত্রের কাঠামোর মধ্যে রাজনৈতিক ও আইনী সংস্কারের মাধ্যমে লিঙ্গ সমতা অর্জনের দিকে দৃষ্টি নিবদ্ধ করে।

18. The first UN World Conference on Women was held in

a) Mexico

b) Beijing

c) Delhi

d) New York

Ans. a) Mexico

The United Nations has organized four world conferences on women. The first conference took place in Mexico in 1975. The second conference took place in Copenhagen in 1980, and then third in Nairobi in 1985 and fourth conference took place in Beijing in the year of 1995. The main objectives of the conference are to set strategy and action plans for the advancement of women and achievement of gender equality. The areas of concern are: women and poverty, education and training of women, women and health, violence against women, women in power and decision making etc.

জাতিসংঘ মহিলাদের নিয়ে চারটি বিশ্ব সম্মেলনের আয়োজন করেছে। প্রথম সম্মেলনটি ১৯৭৫ সালে মেক্সিকোয় অনুষ্ঠিত হয়েছিল। দ্বিতীয় সম্মেলন ১৯৮০ সালে কোপেনহেগেনে অনুষ্ঠিত হয়েছিল, এবং তৃতীয়টি ১৯৮৫ সালে নাইরোবিতে

এবং চতুর্থ সম্মেলনটি ১৯৯৫ সালে বেইজিংয়ে অনুষ্ঠিত হয়েছিল। সম্মেলনের মূল লক্ষ্যগুলি কৌশল নির্ধারণ করা এবং মহিলাদের অগ্রগতি এবং লিঙ্গ সমতা অর্জনের জন্য কর্ম পরিকল্পনা। উদ্বেগের ক্ষেত্রগুলি হ'ল: নারী ও দারিদ্র্য, নারী শিক্ষা, মহিলা প্রশিক্ষণ, মহিলা এবং স্বাস্থ্য, নারীর প্রতি সহিংসতা, নারী ক্ষমতায়ন এবং সিদ্ধান্ত গ্রহণে নারী ভূমিকা ইত্যাদি।

19. The Equal Remuneration Act in India was passed in
a) 1971
b) 1989
c) 1982
d) 1976
Ans. d) 1976
The full title of the Equal Remuneration Act is An Act to provide for the payment of equal remuneration to men and women workers and for the prevention of discrimination on the ground of sex, against women in the matter of employment and for matters connected therewith or incidental thereto. The chief motive of this act is to provide remuneration to men and women to avoid discrimination against women and treat the women in a fair and just manner.

এই আইনের প্রধান উদ্দেশ্য হ'ল নারী-পুরুষের প্রতি বৈষম্য এড়ানোর জন্য নারীদের সমান পারিশ্রমিক প্রদান এবং নারীদের সাথে সুষ্ঠু ও ন্যায়সঙ্গত আচরণ করা।

20. "A man will say what he knows; a woman says what will please." Who said this?
a) Rousseau
b) Marx
c) Engels
d) Kant

Ans. a) Rousseau

Jean Jacques Rousseau (28 June 1712 – 2 July 1778) was a French philosopher and writer. His political philosophy influenced the progress of enlightenment throughout Europe. His book 'Discourse on Inequality' and 'The Social Contract' are the cornerstone of political philosophy. Emile or on Education is the educational treatise on human place in the society. He thinks that inequality is not a natural outcome, but rather it is a human choice.

জিন জ্যাক রুশো (28 জুন 1712 - 2 জুলাই 1778) একজন ফরাসী দার্শনিক এবং লেখক ছিলেন। তাঁর রাজনৈতিক দর্শন সমগ্র ইউরোপজুড়ে আলোকিত, এবং ইউরোপ এর অগ্রগতিকে প্রভাবিত করেছিল। তাঁর 'ডিসকোর্স অন ইনইকুয়ালিটি' বই এবং 'দ্য সোশ্যাল কন্ট্রাক্ট' রাজনৈতিক দর্শনের মূল ভিত্তি বলা যেতে পারে। এমিল বা অন এডুকেশন হ'ল সমাজের মানবিক স্থানের শিক্ষামূলক গ্রন্থ। তিনি মনে করেন যে বৈষম্য কোনও প্রাকৃতিক ফলাফল নয়, বরং এটি একটি মানুষের পছন্দ।

21. Which year is declared as International Women's year by the United Nations Organization?
a) 1971
b) 1989
c) 1982
d) 1975
Ans. d) 1975

In 1975 United Nations Organization observed International Women's year with the theme 'Equality, Development and Peace.'

১৯৭৫ সালে জাতিসংঘের সংস্থা 'সমতা, উন্নয়ন ও শান্তি' এই থিমের উপর আন্তর্জাতিক মহিলা বছর পালন করেছেন।

22. In which year the Department of Women and Child Development at the central level in India was established?
a) 1971
b) 1989
c) 1982
d) 1985
Ans. d) 1985

The Department of Women and Child Development was set up in the year of 1985 under the Ministry of Human Resource Development with the objective of holistic development of women and children. Since 30 January 2006, the department has been upgraded to a Ministry.

মহিলা ও শিশু উন্নয়ন বিভাগ মহিলা ও শিশুদের সার্বিক উন্নয়নের লক্ষ্যে ১৯৮৫ সালে মানবসম্পদ উন্নয়ন মন্ত্রকের অধীনে প্রতিষ্ঠিত হয়েছিল। ৩০ শে জানুয়ারী ২০০৬ সালে বিভাগটিকে একটি মন্ত্রণালয়ে উন্নীত করা হয়েছে৷

23. In which year the Child Marriage Restraint Act was made in India?
a) 1971
b) 1989
c) 1982
d) 1929
Ans. d) 1929

The Child Marriage Restraint Act was passed on 28 September 1929, in the Imperial Legislative Council of India. According to this act the age of marriage for boys is 18 years and for girls 14 years. The act came into effect from 1 April 1930 and applied to all of British India.

বাল্যবিবাহ নিয়ন্ত্রণ সংস্থান 28 ই সেপ্টেম্বর 1929 সালে ভারতের ইম্পেরিয়াল লেজিসলেটিভ কাউন্সিলে পাস হয়েছিল। এই আইন অনুযায়ী ছেলেদের বিয়ের বয়স 18 বছর এবং মেয়েদের 14 বছর। এই আইন 1930 সালের 1 এপ্রিল

থেকে কার্যকর হয় এবং এটি সমস্ত ব্রিটিশ ভারতের ক্ষেত্রে প্রয়োগ হয়েছিল।

24. Under which Act free legal services are provided to women in India?
a) The 73rd Constitutional Amendment Act
b) The 74th Constitutional Amendment Act
c) The 76th Constitutional Amendment Act
d) The Legal Services Authority Act, 1987
Ans. d) The Legal Services Authority Act, 1987
The Legal Services Authority Act, 1987 is constituted to provide free and competent legal services to the people of weaker sections and backward classes of the society. Free legal aid is given to the Scheduled Caste, Scheduled Tribe, Women, Children, Unsound mind people. Whose annual income is below Rs. 25000 thousand are also get the free legal services. Giving the opportunity to everyone for getting justice, to conduct the Lok Adalat at various levels, to secure legal rights of poor people are some functions of this Authority.

The Legal Services Authority Act, 1987 গঠিত হয়েছিল সমাজের দুর্বল শ্রেণি ও পিছিয়ে পড়া শ্রেণির লোকদের জন্য নিখরচায় এবং সক্ষম আইনী সেবা প্রদানের জন্য। তফসিলি জাতি, তফসিলী উপজাতি, মহিলা, শিশু, নিরবচ্ছিন্ন মানুষকে বিনামূল্যে আইনী সহায়তা প্রদান করা হয়। যার বার্ষিক আয় 25000 হাজার টাকার নিচে তারা বিনামূল্যে আইনি পরিষেবা পাওয়ার যোগ্য। ন্যায়বিচার পাওয়ার জন্য প্রত্যেককে সুযোগ প্রদান, বিভিন্ন পর্যায়ে লোক আদালত পরিচালনা করা, দরিদ্র মানুষের আইনী অধিকার সংরক্ষণ করা এই কর্তৃপক্ষের কয়েকটি কাজ।

25. Domestic violence involves
a) Physical violence
b) Mental violence

c) Sexual violence
d) all of the above
Ans. d) all of the above
 Domestic violence means the violence committed by someone in the victim's domestic circle. When a woman is abused by her husband or any members of her in –laws' household, it can be called domestic violence.

 গার্হস্থ্য সহিংসতা মানেই ভুক্তভোগীর ঘরের কোনও ব্যক্তির দ্বারা সংঘটিত সহিংসতা। যখন কোনও মহিলাকে তার স্বামী বা তার বাড়ির কোনও সদস্যর দ্বারা নির্যাতন করা হয়, তখন এটিকে পারিবারিক সহিংসতা বলা যেতে পারে।

26. Patriarchy literally means the
a) Rule of father
b) Rule of mother
c) Rule of brother
d) Rule of sister
Ans. a) Rule of father
Patriarchy is a system of society where the father or eldest male person is a head of the family. A system of society where male dominated the women and male people enjoyed more power.

সমাজের এমন একটি ব্যবস্থা যেখানে পিতা বা বয়স্ক পুরুষ ব্যক্তি পরিবারের প্রধান হন। সমাজের এমন একটি ব্যবস্থা যেখানে পুরুষরা নারীদের উপর আধিপত্য বিস্তার করে এবং পুরুষরা বেশি ক্ষমতা উপভোগ করেন।

27. In matriarchal societies, women are
a) Key decision Maker
b) Community leaders
c) Hold the privileged position
d) All of the above
Matriarchal societies are the social organization where

women are the head of the family or the society. It denoting an older woman is powerful in every sphere within a family or organization.

মাতৃতান্ত্রিক সামাজিক সংগঠন হচ্ছে যেখানে মহিলারা পরিবার বা সমাজের প্রধান। এই সমাজ ব্যবস্থায় বয়স্ক মহিলারাই পরিবার বা সংস্থার প্রতিটি ক্ষেত্রে শক্তিশালী ভূমিকা পালন করে থাকেন।

28. Who wrote the book, A Vindication of the Rights of Women?

a) Mary Wollstonecraft

b) Thomas Paine

c) Godwin

d) Karl Marx

Ans. a) Mary Wollstonecraft (27 April 1759 – 10 September, 1797) was an English writer, philosopher and advocate of women's rights. In her book A Vindication of the Rights of Women, she argues that women and men are both rational beings. Women are not inferior to men, it is happening because of lack of education. She suggests that both men and women should be treated equally, because naturally they are equal.

মেরি ওলস্টোনক্র্যাফ্ট (২ April এপ্রিল 1759 - 10 সেপ্টেম্বর, 1797) একজন ইংরেজ লেখক, দার্শনিক। তাঁর বইউইন্ডিকেশন অফ দ্য রাইটস অফ উইমেন এ তিনি যুক্তি দেখিয়েছেন যে নারী এবং পুরুষ উভয়ই যুক্তিযুক্ত প্রাণী। মহিলারা পুরুষের চেয়ে নিকৃষ্ট নয়, শিক্ষার অভাবেই এটি ঘটছে৷ তিনি পরামর্শ দেন যে পুরুষ ও মহিলা উভয়কেই সমান মর্যাদা এবং সম ভাবে আচরণ করা উচিত, কারণ স্বাভাবিকভাবেই তারা সমান।

29. In which year, Sati system was abolished?

a) 1928

b) 1920

c) 1978

d) 1829

Ans. d) 1829

In the year of 1829 sati system was abolished. Sati was a historical Hindu practice. In this practice a widow sacrifices herself by sitting atop of her dead husband's funeral. Lord William Bentinck enacted the Bengal Sati Regulation, 1829 and declared that the burning of women in the name of Sati is punishable by the criminal court.

১৮২৯ সালে সতী ব্যবস্থা বিলুপ্ত করা হয়েছিল। সতী হল ঐতিহাসিক হিন্দু প্রথা। এই প্রথায় একজন বিধবা তার মৃত স্বামীর চিতার উপরে বসে মৃত্যুবরন করেন। লর্ড উইলিয়াম বেন্টিঙ্ক ১৮২৯ সালে বেঙ্গল সতী প্রবিধান প্রণয়ন করেন এবং ঘোষণা করেন যে সতী নামে নারীদের দাহ করা ফৌজদারি আদালত দ্বারা শাস্তিযোগ্য।

30. Biological characteristics distinguishing male from female is called

a) Heterosexuality

b) Gender

c) Sex

d) Gender discrimination

Ans. c) Sex

Sex is generally categorized as female or male. Sex is biological or genetic characteristics. Gender refers to the socially, culturally, politically constructed roles, behavior, expression and identity of boys, girls, men and women.

যৌনকে সাধারণত মহিলা বা পুরুষ হিসাবে শ্রেণীবদ্ধ করা হয়। যৌনতা জৈবিক বা জিনগত বৈশিষ্ট্য। লিঙ্গ বলতে সামাজিকভাবে, সাংস্কৃতিকভাবে, রাজনৈতিকভাবে নির্মিত ভূমিকা, আচরণ, প্রকাশ এবং ছেলে, মেয়ে, পুরুষ এবং মহিলাদের পরিচয় বোঝায়।

31. In gender studies, the term 'patriarchy' refers to a social

system, where

a) Man dominate over women

b) Gender rights given to men

c) Resources and assets are control by men

d) all of the above

ans. d) all of the above

Patriarchal societies are the social organization where men are the head of the family or the society. It denoting an older man is powerful in every sphere within a family or organization.

পিতৃতান্ত্রিক সামাজিক সংগঠন হল যেখানে পুরুষ পরিবার বা সমাজের প্রধান হন৷ এটি বোঝায় যে কোন বয়স্ক ব্যক্তিই পরিবার বা সংস্থার প্রতিটি ক্ষেত্রেই শক্তিশালী বা ক্ষমতাবান হয়৷

32.Who identifies six structures of patriarchy such as household production, paid work, male violence, culture, state and sexuality?

 a) Freud

b) Walby

c) William James

d) Davidson

ANS. b) Walby

Sylvia Walby (born 16 October 1953) is a British Sociologist. She is known for her work in the field of gender, domestic violence, and patriarchy and gender relation in the field of work place.

সিলভিয়া ওয়ালবি (জন্ম: 16 অক্টোবর 1953) একজন ব্রিটিশ সমাজবিজ্ঞানী। তিনি জেন্ডার, গার্হস্থ্য সহিংসতা, এবং পুরুষতন্ত্র এবং কর্মক্ষেত্রে জেন্ডার সম্পর্ক ইত্যাদি কাজের জন্য পরিচিত৷

33. The Indian Women University in 1916 was set up by

a) Prof. D. K. Karve

b) Iravati Karve

c) Sarojini Naidu

d) Indira Gandhi

Ans. a) Prof. D. K. Karve

Shreemati Nathibai Damodar Thackersey Women's University is the first women's university in India and South-East Asia which was set up by Prof. Dhondo Keshav Karve in 1916 for spreading women's education.

শ্রীমতী নাথিবাই দামোদর ঠাক্কার্সী মহিলা বিশ্ববিদ্যালয় ভারত ও দক্ষিণ-পূর্ব এশিয়ার প্রথম মহিলা বিশ্ববিদ্যালয় যা ১৯১৬ সালে মহিলাদের শিক্ষার প্রসারের জন্য অধ্যাপক ধোন্দো কেশব কারভে প্রতিষ্ঠা করেছিলেন।

34. The Tripura Commission for Women Act was formulated in

a) 1993

b) 1994

c) 1995

d) 1996

ans. a) 1993

The Tripura Commission for Women was established by the state government as an autonomous statutory body to protect and promote the rights and interest of women. Presently Smt. Barnali Goswami is the chairperson of Tripura Commission for Women.

মহিলাদের অধিকার ও স্বার্থ সংরক্ষণ ও প্রচারের জন্য রাজ্য সরকার স্বায়ত্তশাসন সংবিধিবদ্ধ সংস্থা হিসাবে ত্রিপুরা মহিলা কমিশন প্রতিষ্ঠা করেছেন। বর্তমানে শ্রীমতি বার্নালি গোস্বামী ত্রিপুরা কমিশন ফর উইমেনের চেয়ারম্যান।

35. In India the Protection of Women from Domestic Violence Act was framed in

a) 2009

b) 2006

c) 2005

d) 2008

Ans. c) 2005

The Protection of Women from Domestic Violence Act 2005 was brought into force by Indian Government and Ministry of Women and Child Development on 26th October 2006. According to this act domestic violence means not only physical abuses, but it also includes emotional, verbal, sexual and economic abuses.

২৬ অক্টোবর ২০০৬ সালে এটা চালু হয়েছে৷ এই আইনের মতে শারীরিক হিংসাকেই শুধু গার্হস্থ্য হিংসা বলা হয় না৷ মৌখিক, মানসিক, অর্থনৈতিক এবং লৈঙ্গিক হিংসাও গার্হস্থ্য হিংসার আওতায় পড়ে৷

36. Unnatural death of a bride within 7 years of marriage at in-law's house is considered as

a) Dowry death

b) Murder

c) Suicide

d) Normal death

Ans. a) Dowry death

Dowry deaths are deaths of married women who are murdered or driven to suicide by continuous harassment and torture by their husband and husband's family members due to dowry. Dowry death is considered one of the many categories of violence against women, rape, bride burning, eve teasing, female genital mutilation and acid throwing.

যৌতুক মৃত্যু হ'ল যৌতুকের কারণে স্বামী ও স্বামীর পরিবারের সদস্যরা একটানা হয়রানি ও নির্যাতনের দ্বারা খুন হওয়া বা আত্মহত্যার দিকে ঠেলে দেওয়া বিবাহিত

মহিলাদের মৃত্যুকে বোঝায়। নারীর বিরুদ্ধে সহিংসতা, ধর্ষণ, কনে জ্বালানো, ইভটিজিং, মহিলা যৌনাঙ্গে বিচ্ছেদ ও অ্যাসিড নিক্ষেপ এগুলোকে যৌতুক মৃত্যুর একটি বিভাগ হিসাবে বিবেচনা করা হয়।

37. The Constitution of India guarantees to all India women equality by

 a) Article 21

b) Article 14

c) Article 17

d) Article 20

Ans. b) Article 14

According to Article 14 all citizens are equal before the law. It states: 'the state shall not deny to any person equality before the law or the equal protection of the laws within the territory of India.'

ভারতীয় সংবিধানের অনুচ্ছেদ ১৪ অনুযায়ী সকল নাগরিকই আইনের সামনে সমান। রাষ্ট্র কোন ব্যক্তিকে সমান অধিকার থেকে বঞ্চিত করবে না, ভারতের ভূখণ্ডে সবাইকে সমান সুরক্ষা প্রদান করা হবে।

38. The idea of Universal Sisterhood was advocated by

a) Socialist feminist

b) Radical feminist

c) Liberal feminist

d) Traditional feminist

Ans. b) Radical feminist

Radical feminism is one of the perspectives of feminism which said that society is fundamentally a patriarchy in which men dominated and oppressed the women. Radical feminism wants to reorder society in order to eliminate inequality between men and women. They think that in the patriarchal society women's rights cannot be established.

Radical feminist seeks to abolish the patriarchal society to liberate everyone because the patriarchal society is an unjust society.

র‍্যাডিকাল ফেমিনিজম ফেমিনিজমের এমন একটি দৃষ্টিভঙ্গি যা বলে যে সমাজ মূলত পুরুষতন্ত্র যেখানে পুরুষরা নারীদের উপর কর্তৃত্ব ও নিপীড়ন করেছিল। র‍্যাডিকেল ফেমিনিজম নারী-পুরুষের মধ্যে বৈষম্য দূর করার জন্য সমাজকে পুনর্বিন্যাস করতে চায়। তারা মনে করেন পুরুষতান্ত্রিক সমাজে নারীর অধিকার প্রতিষ্ঠা করা যায় না। উগ্র নারীবাদীরা সবাইকে মুক্ত করার জন্য পুরুষতান্ত্রিক সমাজকে বিলুপ্ত করতে চায় কারণ পিতৃতান্ত্রিক সমাজ একটি অন্যায্য সমাজ।

39. Who said 'we need an ideological revolution, a revolution in the ideology roles in our culture, a revolution of concepts of gender identity?'

a) Ann Oakley

b) Kimmel

c) Firestone

d) Kate Millet

Ans. a) Ann Oakley

Ann Rosamund Oakley (born on 17 January 1944) is a British Sociologist and feminist.

অ্যান রোসমুন্ড ওকলে (জন্ম: ১ January জানুয়ারী 1944) একজন ব্রিটিশ সমাজবিজ্ঞানী এবং নারীবাদী।

40. In the 16th Lok Sabha, how many women are elected?

a) 51

b) 61

c) 62

d) 73

Ans. b) 61

MCQs of 2019 and Answer with short description

1. Gender roles are
a) Societal
b) Cultural
c) Personal
d) Financial
Ans. a) Societal

Gender role or sometimes it is called sex role is a social role or attitude or behavior that are socially acceptable for a person on the basis of person's biological or perceived sex. For example women's role is child caring and rearing, cooking and cleaning the house whereas men role is earn and raise a family.

জেন্ডার ভূমিকা বা কখনও কখনও একে যৌন ভূমিকা বলা হয়৷ এটি একটি সামাজিক ভূমিকা বা দৃষ্টিভঙ্গি বা আচরণ যা ব্যক্তির জৈবিক বা অনুভূত লিঙ্গের ভিত্তিতে একজন ব্যক্তির জন্য সামাজিক ভূমিকা নির্ধারণ করে৷ উদাহরণস্বরূপ মহিলাদের ভূমিকা শিশু যত্ন নেওয়া এবং লালন পালন করা, রান্না করা এবং ঘর পরিষ্কার করা৷ আর পুরুষদের ভূমিকা উপার্জন এবং পরিবার প্রতিপালন করা৷

2. Patriarchy literally means
a) Rule of the father
b) Rule of the mother
c) Joint rule of father and mother
d) None of the above

Ans. a) Rule of the father

Patriarchy is a system of society where the father or eldest male person is a head of the family. A system of society where male dominated the women and male people enjoyed more power.

পিতৃতন্ত্র হল সমাজের এমন একটি ব্যবস্থা যেখানে পিতা বা বয়স্ক পুরুষ ব্যক্তি পরিবারের প্রধান হন। সমাজের এমন একটি ব্যবস্থা যেখানে পুরুষরা নারীদের উপর আধিপত্য বিস্তার করে এবং পুরুষরা বেশি ক্ষমতা উপভোগ করেন।

3. In gender studies, the term patriarchy refers to a social system wherein

a) Men dominate over women

b) Gender rights given to men

c) Resources and assets are control by men

d) all of the above

ans. d) all of the above

Patriarchal societies are the social organization where men are the head of the family or the society. It denotes an older man is powerful in every sphere within a family or organization.

পিতৃতান্ত্রিক সামাজিক সংগঠন হল যেখানে পুরুষ হন পরিবার বা সমাজের প্রধান। এটি বোঝায় যে কোনও বয়স্ক ব্যক্তিই পরিবার বা সংস্থার প্রতিটি ক্ষেত্রেই শক্তিশালী ভূমিকা পালন করেন।

পিতৃতন্ত্র হল সমাজের এমন একটি ব্যবস্থা যেখানে পিতা বা বয়স্ক পুরুষ ব্যক্তি পরিবারের প্রধান হন। সমাজের এমন একটি ব্যবস্থা যেখানে পুরুষরা নারীদের উপর আধিপত্য বিস্তার করে এবং পুরুষরা বেশি ক্ষমতা উপভোগ করেন।

4. In matriarchal societies, women are

a) Key decision Maker

b) Community leaders

c) Hold the privileged position

d) All of the above

Ans. d) All of the above

Matriarchal societies are the social organization where women are the head of the family or the society. It denoting an older woman is powerful in every sphere within a family or organization.

মাতৃতান্ত্রিক সামাজিক সংগঠন হচ্ছে যেখানে মহিলারা পরিবার বা সমাজের প্রধান হন। এই সমাজ ব্যবস্থায় কোনও বয়স্ক মহিলাই পরিবার বা সংস্থার প্রতিটি ক্ষেত্রেই শক্তিশালী ভুমিকা পালন করে।

5. Who identifies six structures of patriarchy such as household production, paid work, male violence, culture, state and sexuality?

 a) Freud

b) Walby

c) William James

d) Davidson

ANS. b) Walby

Sylvia Walby (born 16 October 1953) is a British Sociologist. She is known for her work in the field of gender, domestic violence, and patriarchy and gender relation in the field of work place.

সিলভিয়া ওয়ালবি (জন্ম: 16 অক্টোবর 1953) একজন ব্রিটিশ সমাজবিজ্ঞানী। তিনি জেন্ডার, গার্হস্থ্য সহিংসতা, এবং পুরুষতন্ত্র এবং কর্মক্ষেত্রে জেন্ডার সম্পর্ক ইত্যাদি কাজের জন্য পরিচিতা।

6. The first International Women's Day was celebrated in

a) 1911

b) 1999

c) 1987

d) 1912

Ans. a) 1911

On 9 March 1911 IWD was first celebrated in Austria, Denmark, Germany and Switzerland for women's right, vote, be trained, public office and end discrimination.

India observed national women's day on Feb. 13 to mark the birth anniversary of Sarojini Naidu, who is popularly known as Nightingale of India. She was the first woman president of Indian National Congress (1925). She was the First woman Governor of a state of United Provinces, presently known as Uttar Pradesh.

১৯১১ সালের ৯ মার্চ আইডাব্লুডি প্রথমবার অস্ট্রিয়া, ডেনমার্ক, জার্মানি এবং সুইজারল্যান্ডে নারীর অধিকার, ভোট, প্রশিক্ষণ, পাবলিক অফিস এবং বৈষম্যের অবসানের জন্য উদযাপিত হয়েছিল।

ভারতের নাইটিংগেল নামে খ্যাত সরোজিনী নাইডুর জন্মবার্ষিকী উপলক্ষে ১৩ ফেব্রুয়ারি ভারতেও জাতীয় মহিলা দিবস পালন করা হয়। তিনি ভারতীয় জাতীয় কংগ্রেসের প্রথম মহিলা সভাপতি ছিলেন (১৯২৫) তিনি ছিলেন ইউনাইটেড প্রদেশের প্রথম মহিলা রাজ্যপাল, যা বর্তমানে উত্তরপ্রদেশ নামে পরিচিতা।

7. Who was the first woman teacher in India?

a) Annie Besant

b) Begum Rokeya

c) R. N. Tagore

d) Savitribai Phule

Ans. d) Savitribai Phule

Savitribai Phule (3 January 1831- 10 March 1897) was an Indian educationist, social reformer and poet from Maharashtra. She played a very important role for women education, women rights and to abolish the discrimination on the basis of caste and gender. She is also considered as the mother of Indian feminism. She and her husband Jyotirao Phule established the first Indian girls' school in

Pune.

সাবিত্রিভাই ফুলে (3 জানুয়ারী 1831- 10 মার্চ 1897) ছিলেন একজন ভারতীয় শিক্ষাবিদ, সমাজ সংস্কারক এবং মহারাষ্ট্রের কবি। তিনি নারী শিক্ষা, নারীর অধিকার এবং বর্ণ ও লিঙ্গর ভিত্তিতে বৈষম্য দূরীকরণে অত্যন্ত গুরুত্বপূর্ণ ভূমিকা পালন করেছিলেন। তিনি ভারতীয় নারীবাদের জননী হিসাবেও বিবেচিত হন। তিনি এবং তাঁর স্বামী জ্যোতিরাও ফুলে পুনেতে প্রথম ভারতীয় বালিকা বিদ্যালয় প্রতিষ্ঠা করেছিলেন।

8. Discrimination faced by a person because of his/her gender can be termed as
a) Gender Discrimination
b) Family Discrimination
c) Social Discrimination
d) Caste Discrimination
Ans. Gender Discrimination
Gender Discrimination means to treat a person unequally on the basis of his/her gender. This discrimination arises from the social and cultural norms.

লিঙ্গ বৈষম্য মানেই কোনও ব্যক্তিকে তার লিঙ্গের ভিত্তিতে অসম আচরণ করা। এই বৈষম্য সামাজিক এবং সাংস্কৃতিক রীতি থেকেই উদ্ভূত হয়।

9. Gender equality is the process of being fair to
a) Women
b) Men
c) Women and men
d) Women, men and transgender
Ans. d) Women, men and transgender
Transgender people are those whose gender identity and gender expression is different from the sex that they were assigned at the time of birth and whose gender identity is the opposite of their sex.

ট্রান্সজেন্ডার ব্যক্তিরা হ'ল যাদের লিঙ্গ পরিচয় এবং লিঙ্গ প্রকাশটি তাদের জন্মের সময় নির্ধারিত লিঙ্গের থেকে আলাদা এবং যাদের লিঙ্গ পরিচয় তাদের লিঙ্গের বিপরীত।

10. The Constitution of India guarantees to all Indian women equality under

a) Article 21

b) Article 14

c) Article 17

d) Article 20

Ans. b) Article 14

According to Article 14 all citizens are equal before the law. It states: 'the state shall not deny to any person equality before the law or the equal protection of the laws within the territory of India.'

ভারতীয় সংবিধানের অনুচ্ছেদ ১৪ অনুযায়ী সকল নাগরিকই আইনের সামনে সমান। রাষ্ট্র কোন ব্যক্তিকে সমান অধিকার থেকে বঞ্চিত করবে না, ভারতের ভূখণ্ডে সবাইকে সমান সুরক্ষা প্রদান করা হবে।

11. In which year was the Tripura Commission for Women established?

a) 1990

b) 1991

c) 1992

d) 1994

ans. d) 1994

The Tripura Commission for Women was established by the state government as an autonomous statutory body to protect and promote the rights and interest of women. Presently Smt. Barnali Goswami is the chairperson of Tripura Commission for Women.

মহিলাদের অধিকার, স্বার্থ সংরক্ষণ ও প্রচারের লক্ষ্যে ত্রিপুরা রাজ্য সরকার স্বায়ত্তশাসন সংবিধিবদ্ধ সংস্থা হিসাবে ত্রিপুরা মহিলা কমিশন প্রতিষ্ঠা করেছিল ১৯৯৪ সালে। বর্তমানে শ্রীমতি বার্নালি গোস্বামী ত্রিপুরা কমিশন ফর উইমেনের চেয়ারম্যান পদে আসীন আছেন।

12. FGC and MGM stand for

a) Foundation of gender court and modern gender mapping

b) Federation of gender council and modern group of man

c) Female genital cutting and male genital mutilation

d) Female group council and male group mountaineer

Ans. c) Female Genital Cutting and Male Genital Mutilation

Female Genital Cutting or circumcision or mutilation is an ancient practice that predates the Abrahamic religions. It is practiced in some countries in Africa and Asia. MGM refers to permanent modification of external genitalia, here some part of genital tissues are cut off permanently.

মহিলা জেনিটাল কাটিং বা খতনা বা বিচ্ছেদ একটি প্রাচীন প্রথা। আফ্রিকা ও এশিয়ার কয়েকটি দেশে এটি প্রচলিত প্রথা। MGM বাহ্যিক যৌনাঙ্গের স্থায়ী পরিবর্তনকে বোঝায়, এখানে যৌনাঙ্গ টিস্যুর কিছু অংশ স্থায়ীভাবে কেটে দেওয়া হয়।

13. The Protection of Women from Domestic Violence Act was passed in India in

a) 2001

b) 2005

c) 2006

d) 2000

Ans. b) 2005

The Protection of Women from Domestic Violence Act 2005 was brought into force by Indian Government and Ministry of Women and Child Development on 26th October 2006. According to this act domestic violence means not only physical abuses, but it also includes emotional, verbal, sexual and economic abuses.

ডোমেস্টিক ভায়োলেন্স অ্যাক্ট 2005, এটি ভারত সরকারের নারী সুরক্ষা ও শিশু উন্নয়ন মন্ত্রণালয় দ্বারা 26 অক্টোবর 2006 সালে চালু করা হয়েছে। গার্হস্থ্য সহিংসতা থেকে নারীদের সুরক্ষা প্রদানের জন্যই এই আইন আনা হয়েছে। এই আইন অনুযায়ী গার্হস্থ্য হিংসা মানে শুধুমাত্র শারীরিক নির্যাতনকে বোঝায় না, এটি মানসিক, মৌখিক, যৌন এবং অর্থনৈতিক হিংসাকেও বোঝায়।

14. Unnatural death of a bride within 7 years of marriage at in-law's house is considered as per law
a) As murder
b) As Dowry death
c) As Suicide
d) As Normal death
Ans. b) As Dowry death

Dowry deaths are deaths of married women who are murdered or driven to suicide by continuous harassment and torture by their husband and husband's family members due to dowry. Dowry death is considered one of the many categories of violence against women, rape, bride burning, eve teasing, female genital mutilation and acid throwing.

যৌতুক মৃত্যু হ'ল যৌতুকের কারণে স্বামী ও স্বামীর পরিবারের সদস্যদের দ্বারা নিরন্তর হয়রানি ও নির্যাতনের ফলে মারা যাওয়া বা আত্মহত্যার দিকে ঠেলে দেওয়া বা আত্মহত্যা করতে বাধ্য করা। সোজা কথায় যৌতুকের কারণে বিবাহিত মহিলার মৃত্যু। যৌতুক মৃত্যুকে নারীর বিরুদ্ধে সহিংসতার বিভিন্ন ধরন যথা ধর্ষণ, কনে জ্বালানো, ইভটিজিং, মহিলা যৌনাঙ্গ বিচ্ছেদ এবং অ্যাসিড নিক্ষেপ ইত্যাদির

মধ্যে একটি হিসাবে বিবেচনা করা হয়।

15. Domestic violence involves
a) Physical violence
b) Psychological violence
c) Financial violence
d) All of the above
Ans. d) All of the above
 Domestic violence means the violence committed by someone in the victim's domestic circle. When a woman is abused by her husband or any members of her in –laws' household, it can be called domestic violence.

গার্হস্থ্য সহিংসতা মানেই ভুক্তভোগীর ঘরের কোনও ব্যক্তির দ্বারা সংঘটিত সহিংসতা। যখন কোনও মহিলাকে তার স্বামী বা তার বাড়ির কোনও সদস্য দ্বারা বাড়িতে বা বাড়ির বাইরে নির্যাতন করা হয়, তখন এটিকে পারিবারিক সহিংসতা বলা যেতে পারে।

16.The International Women's Day is celebrated annually on
a) 8th March
b) 8th April
c) 8th May
d) 8th June
Ans. a) 8th March
The date of 8th March is selected for the celebration of women's day because this is the day when women of Soviet Russia started protesting for the right to vote which they were granted in 1917.

৪ মার্চকে নারী দিবস হিসাবে উদযাপন করা হয় কারণ এই দিনেই সোভিয়েত রাশিয়ার নারীরা ভোটদানের অধিকারের জন্য আন্দোলন শুরু করেন। যা 1917 সালে স্বীকৃতি লাভ করে।

17. The venue of the World Conference on the issue of Women was organized by the United Nations in 1975 is

a) Mexico

b) Beijing

c) Copenhagen

d) Nairobi

Ans. a) Mexico

The United Nations has organized four world conferences on women. The first conference took place in Mexico in 1975. The second conference took place in Copenhagen in 1980, and then third in Nairobi in 1985 and fourth conference took place in Beijing in the year of 1995. The main objectives of the conference are to set strategy and action plans for the advancement of women and achievement of gender equality. The areas of concern are: women and poverty, education and training of women, women and health, violence against women, women in power and decision making etc.

জাতিসংঘ মহিলাদের নিয়ে চারটি বিশ্ব সম্মেলনের আয়োজন করেছে৷ প্রথম সম্মেলনটি ১৯৭৫ সালে মেক্সিকোয় অনুষ্ঠিত হয়েছিল৷ দ্বিতীয় সম্মেলন ১৯৮০ সালে কোপেনহেগেনে অনুষ্ঠিত হয়েছিল, এবং তৃতীয়টি ১৯৮৫ সালে নাইরোবিতে এবং চতুর্থ সম্মেলনটি ১৯৯৫ সালে বেইজিংয়ে অনুষ্ঠিত হয়েছিল৷ সম্মেলনের মূল লক্ষ্যগুলি হল কৌশল নির্ধারণ করা এবং মহিলাদের অগ্রগতি এবং লিঙ্গ সমতা অর্জনের জন্য কর্ম পরিকল্পনা৷ আলোচনার ক্ষেত্রগুলি হ'ল: নারী ও দারিদ্র্য, নারী শিক্ষা, মহিলা প্রশিক্ষণ, মহিলা এবং স্বাস্থ্য, নারীর প্রতি সহিংসতা, ক্ষমতায় থাকা নারী এবং সিদ্ধান্ত গ্রহণ ইত্যাদি৷

18. The first Indian Women's University was set up in 1916 by

a) Prof. D. K. Karve

b) Iravati Karve

c) Sarojini Naidu

d) Indira Gandhi

Ans. a) Prof. D. K. Karve

Shreemati Nathibai Damodar Thackersey Women's University is the first women's university in India and South-East Asia which was set up by Prof. Dhondo Keshav Karve in 1916 for spreading women's education.

শ্রীমতী নাথিবাই দামোদর ঠাক্কার্সী মহিলা বিশ্ববিদ্যালয় ভারত ও দক্ষিণ-পূর্ব এশিয়ার প্রথম মহিলা বিশ্ববিদ্যালয় যা ১৯১৬ সালে মহিলাদের শিক্ষার প্রসারের জন্য অধ্যাপক ধোন্দো কেশব কারভে প্রতিষ্ঠা করেছিলেন।

19. The full form of CEDAW is

a) Convention on Elimination of all Forms of Discrimination against Women

b) Cooperation on Elimination of all Forms of Discrimination against Women

c) Coordination on Elimination of all Forms of Discrimination against Women

d) Committee for Elimination of all Forms of Discrimination against Women

Ans. a) Convention on Elimination of all Forms of Discrimination against Women

Convention on Elimination of all Forms of Discrimination against Women is adopted by UN in 1979, it describe as international bill for women rights. The purpose of CEDAW is to eliminate the discrimination of women and men.

Convention on Elimination of all Forms of Discrimination against Women ১৯৭৯ সালে জাতিসংঘ কর্তৃক গৃহীত হয়েছিল, এটিকে নারী অধিকার সম্পর্কিত আন্তর্জাতিক বিল হিসাবে বর্ণনা করা হয়৷ সিডিএডব্লিউর

উদ্দেশ্য নারী ও পুরুষের বৈষম্য দূরীকরণ।

20. The book, A Vindication of the Rights of Women is written by
a) Virginia Woolf
b) Mary Wollstonecraft
c) J S Mill
d) Martha Nussbaum
Ans. b) Mary Wollstonecraft

Mary Wollstonecraft (27 April 1759 – 10 September, 1797) was an English writer, philosopher and advocate of women's rights. In her book A Vindication of the Rights of Women, she argues that women and men are both rational beings. Women are not inferior to men, it is happening because of lack of education. She suggests that both men and women should be treated equally, because naturally they are equal.

মেরি ওলস্টোনক্র্যাফ্ট (২ April এপ্রিল 1759 - 10 সেপ্টেম্বর, 1797) একজন ইংরেজ লেখক, দার্শনিক এবং মহিলাদের অধিকারের পক্ষে লোক। তাঁরবই উইন্ডিকেশন অফ দ্য রাইটস অফ উইমেন এ তিনি যুক্তি দেখিয়েছেন যে নারী এবং পুরুষ উভয়ই যুক্তিযুক্ত প্রাণী। মহিলারা পুরুষের চেয়ে নিকৃষ্ট নয়, শিক্ষার অভাবেই এটি ঘটছে। তিনি পরামর্শ দেন যে পুরুষ ও মহিলা উভয়েরই প্রতি সমান আচরণ করা উচিত, কারণ স্বাভাবিকভাবেই তারা সমান।

21. 'One is not born a woman, one becomes a woman' was said by?
a) Judith Butler
b) Simone de Beauvoir
c) Millet
d) Radhika Chopra
Ans. b) Simone de Beauvoir

Simone de Beauvoir was born 9 January 1908 and died on 14 April 1986. She was a French writer, existentialist, feminist and social theorist. When a girl's body matures, society reacts in an increasingly hostile and threatening manner. Slowly a girl becomes a flesh. A girl is forced to think that she is flesh though she does not want to think like this. Society forces her to think that way.

সিমোন ডি বেউভায়ার জন্ম ১৯ জানুয়ারী ১৯৮৮ এবং ১৪ ই এপ্রিল ১৯৮৬ সালে তিনি মারা যান। তিনি ছিলেন ফরাসি লেখক, অস্তিত্ববাদী, নারীবাদী এবং সামাজ তাত্ত্বিক। তিনি বলেন যখন কোনও মেয়ের দেহ পরিপক্ক হয়, তখন সমাজ ক্রমবর্ধমান প্রতিকূল ও হুমকিপূর্ণ প্রতিক্রিয়া দেখায়। আস্তে আস্তে একটি মেয়ে মাংসে পরিণত হয়। একটি মেয়েকে ভাবতে বাধ্য করা হয় যে তিনি মাংস সর্বস্ব জীব। যদিও সে এরকম ভাবতে চায় না। সমাজ তাকে সেভাবে ভাবতে বাধ্য করে।

22. The idea of Universal Sisterhood was advocated by
a) Socialist feminist
b) Radical feminist
c) Liberal feminist
d) Traditional feminist
Ans. b) Radical feminist

Radical feminism is one of the perspectives of feminism which said that society is fundamentally a patriarchy in which men dominated and oppressed the women. Radical feminism wants to reorder society in order to eliminate inequality between men and women. They think that in the patriarchal society women's rights cannot be established. Radical feminist seeks to abolish the patriarchal society to liberate everyone because the patriarchal society is an unjust society.

র‍্যাডিকাল ফেমিনিজম, ফেমিনিজমের এমন একটি দৃষ্টিভঙ্গি যা বলে যে সমাজ মূলত পুরুষতন্ত্র যেখানে পুরুষরা নারীদের উপর কর্তৃত্ব ও নিপীড়ন করে থাকে।

র‍্যাডিকেল ফেমিনিজম নারী-পুরুষের মধ্যে বৈষম্য দূর করার জন্য সমাজকে পুনর্বিন্যাস করতে চায়। তারা মনে করেন পুরুষতান্ত্রিক সমাজে নারীর অধিকার প্রতিষ্ঠা করা যায় না। উগ্র নারীবাদীরা সবাইকে মুক্ত করার জন্য পুরুষতান্ত্রিক সমাজকে বিলুপ্ত করতে চায় কারণ পিতৃতান্ত্রিক সমাজ একটি অন্যায্য সমাজ।

23. The pioneer of liberal feminism In India is
a) Iswar Chandra Vidyasagar
b) Raja Ram Mohan Roy
c) Irom Chanu Sharmila
d) Henry Derogio
Ans. b) Raja Ram Mohan Roy

Raja Ram Mohan Roy (22 May 1772 – 27 September 1833) was an educationist, social reformer and one of the founders of Brahmo Sabha. He was known for his effort to abolish Sati system and Child marriage. He is also known as the Father of Bengal Renaissance. The title 'Raja' is given by Akbar II, Mughal Emperor. Liberal feminism is also called mainstream feminism is the feminist theory which focus to achieve the gender equality through political and legal reform within the frame work of liberal democracy.

রাজা রাম মোহন রায় (২২ মে ১৭৭২ - ২৭ সেপ্টেম্বর ১৮৩৩) ছিলেন একজন শিক্ষাবিদ, সমাজ সংস্কারক এবং ব্রাহ্মসভার অন্যতম প্রতিষ্ঠাতা। তিনি সতী ব্যবস্থা এবং বাল্য বিবাহ বিলোপ করার প্রচেষ্টার জন্য পরিচিত ছিলেন। তিনি বঙ্গীয় রেনেসাঁর ফাদার হিসাবেও পরিচিত। 'রাজা' উপাধিটি মোগল সম্রাট দ্বিতীয় আকবর তাকে দিয়েছেন। লিবারেল ফেমিনিজমকে মূলধারার নারীবাদও বলা হয়, এই নারীবাদী তত্ত্ব মনে করেন যে, উদারনৈতিক গণতন্ত্রের কাঠামোর মধ্যে রাজনৈতিক ও আইনী সংস্কারের মাধ্যমে লিঙ্গ সমতা অর্জন করা যায়।

24. The dowry prohibition act was formulated in India in

the year

a) 1961

b) 1971

c) 1981

d) 1989

Ans. a) 1961

The dowry prohibition act was enacted on 1st May 1961. The purpose of the dowry prohibition act is to prevent the giving or receiving of dowry. Dowry includes property, goods or money given by either party to the marriage, by the parents of either party or by anyone else in connection with the marriage. This act applies to all the citizens irrespective of caste and religion in India.

১৯৬১ সালের ১ মে যৌতুক নিষিদ্ধ আইন কার্যকর করা হয়েছিল। যৌতুক নিষিদ্ধকরণ আইন এর মূল উদ্দেশ্য হ'ল যৌতুক দেওয়া বা নেওয়া রোধ করা। যৌতুক বলতে বোঝায় বিবাহের সময় টাকা, সম্পত্তি এবং বিভিন্ন প্রকারের জিনিস প্রদান করা এবং গ্রহণ করা। এই আইন ভারতে বর্ণ ও ধর্ম নির্বিশেষে সকল নাগরিকের জন্য প্রযোজ্য।

25. Whose effort led to the widow remarriage act of 1856?

a) Ram Mohan Roy

b) Iswar Chandra Vidyasagar

c) R. N. Tagore

d) Gandhi

Ans. b) Iswar Chandra Vidyasagar

He was an Indian educator and social reformer. Born on 26 sep. 1820 and died on 29 July 1891. He is considered the father of Bengali Prose. The Hindu Remarriage Act, 1856 enacted on 26 July. It was drafted by Lord Dalhousie and passed by Lord Canning.

তিনি একজন ভারতীয় শিক্ষাবিদ এবং সমাজ সংস্কারক ছিলেন। ২৬ সেপ্টেম্বর

১৮২০সালে জন্ম গ্রহণ করেন এবং ২৯ জুলাই ১৮৯১ সালে তিনি মারা যান। তিনি বাংলা গদ্যের জনক হিসাবে বিবেচিত হন। ২৬ জুলাই ১৮৫৬ সালে হিন্দু পুনর্বিবাহ আইন, কার্যকর করা হয়েছিল। এটি লর্ড ডালহৌসি দ্বারা খসড়া করা হয়েছিল এবং লর্ড ক্যানিং দ্বারা পাস হয়েছিল।

26. The liberal feminism was greatly strengthened by the writing
a) The Subjection on Women by J.S. Mill
b) Gender and History by Susan Kent
c) Women's Human Rights by Niamh Relly
d) Feminism or Womanism? A personal history by Cynthia Stephen
Ans, a) The Subjection on Women by J.S. Mill
John Stuart Mill (20 May 1806 – 7 May 1873) was an English philosopher and liberal feminist thinker. The essay, The Subjection on Women published in 1869. Mill said that the inequality of women was a relic from the past, but it has no place in modern times. He writes that subordination of one sex to another is wrong in itself. The main hindrance to human improvement is seeing inequality between men and women. Equality must be established in order to establish a just society.

জন স্টুয়ার্ট মিল (20 মে 1806 - 7 মে 1873) ছিলেন একজন ইংরেজ দার্শনিক এবং উদারবাদী নারীবাদী চিন্তাবিদ। ১৮৬৯ সালে এই প্রবন্ধ প্রকাশিত হয়েছিল। মিল বলেছিল যে নারীদের বৈষম্য অতীতকাল থেকেই ছিল, তবে আধুনিক যুগে এর কোনও স্থান নেই। তিনি লিখেছেন যে একটি লিঙ্গকে অন্য লিঙ্গের অধীনে থাকতে হবে এটা ভুল ছাড়া আর কিছুই নয়। মানব উন্নতির প্রধান প্রতিবন্ধকতা হ'ল পুরুষ এবং মহিলাদের মধ্যে বৈষম্য দেখা। সুষ্ঠু সমাজ এবং ন্যায়বিচারের সমাজ প্রতিষ্ঠার জন্য অবশ্যই সমতা প্রতিষ্ঠিত করতে হবে।

27. What is the full form of DWCRA?

a) Development of Women and Children in Rural Areas

b) Development of Women and Children in Roadside Areas

c) Development of Women and Children in Regaining Acceptance

d) Development of Women and Children for Regular Achievement

Ans. a) Development of Women and Children in Rural Areas

The Government of India launched the developmental scheme for developing the poor women of rural areas under the Integrated Rural Development program. The aim of this scheme is to improve the socio-economic condition of the rural women by creating a women group for income generating activities.

ভারত সরকার সমন্বিত পল্লী উন্নয়ন কর্মসূচির আওতায় পল্লী অঞ্চলের দরিদ্র মহিলাদের উন্নয়নের জন্য উন্নয়নমূলক প্রকল্প চালু করে। এই প্রকল্পের লক্ষ্য হ'ল গ্রামীণ নারীদের আর্থ-সামাজিক অবস্থার উন্নতি। তাদেরকে উপার্জনক্ষম করে তোলা এবং মহিলা গ্রুপ তৈরি করে তাদেরকে স্বাবলম্বী করে তোলাই এই কর্মসূচির উদ্দেশ্য।

28. The full form of STEP is

a) Strong Team for Empowerment Program for Women

b) Strong Technology for Employment Program for Women

c) Support to Training for Employment Program for Women

d) Statutory Team for Employment Program for Women

Ans. c) Support to Training for Employment Program for Women

STEP scheme was launched in 1986-87; the aim of this scheme is to give the skill to women so that they can upgrade their skill. The scheme also helps to become an entrepreneur or self-employed. The women who are 16 years and above can get the benefit from this scheme.

স্টেপ প্রকল্প ১৯৮৬-৮৭ সালে চালু হয়েছিল; এই স্কিমের লক্ষ্য হ'ল মহিলাদের দক্ষতা প্রদান করা যাতে তারা তাদের দক্ষতা উন্নীত করতে পারে। এই প্রকল্পটি একজন উদ্যোক্তা বা স্ব-কর্মসংস্থান হতে সহায়তা করে। 16 বছর বা তার বেশি বয়সী মহিলারা এই স্কিমটি থেকে সুবিধা পেতে পারেন।

29.   The liberal feminism believes that women's emancipation is
a) Possible within the existing system
b) Not possible within the existing system
c) Already being at an advanced stage
d) Never possible
Ans. a) Possible within the existing system
Liberal feminism is also called mainstream feminism is the feminist theory which focus to achieve the gender equality through political and legal reform within the frame work of liberal democracy.

লিবারেল নারীবাদকে মূলধারার নারীবাদ বলা হয়। এটি একটি নারীবাদবাদী তত্ত্ব যা উদার গণতন্ত্রের কাঠামোর মধ্যে রাজনৈতিক ও আইনী সংস্কারের মাধ্যমে লিঙ্গ সমতা অর্জনের দিকে দৃষ্টি নিবদ্ধ করে।

30. Patrilineal means
a) Two family having the common origin
b) A family counted for another branch of family
c) Family traces the lineage from the father side
d) Family traces the lineage from the mother side
Ans. c) Family traces the lineage from the father side

31. The committee on the status of women in India was

formed in
a) 1971
b) 1989
c) 1982
d) 1999
Ans. a) 1971

32. The difference between sex and gender is
a) Both symbolizes the same meaning
b) Sex is biological determination and gender is socio-cultural construct
c) Sex and gender are both biological identification
d) None of the above
Ans. b) Sex is biological determination and gender is socio-cultural construct
Sex is generally categorized as female or male. Sex is biological or genetic characteristics. Gender refers to the socially, culturally, politically constructed roles, behavior, expression and identity of boys, girls, men and women.
লিঙ্গকে সাধারণত মহিলা বা পুরুষ হিসাবে শ্রেণীবদ্ধ করা হয়। যৌনতা জৈবিক বা জিনগত বৈশিষ্ট্য। লিঙ্গ বলতে সামাজিকভাবে, সাংস্কৃতিকভাবে, রাজনৈতিকভাবে নির্মিত ভূমিকা, আচরণ, প্রকাশ এবং ছেলে, মেয়ে, পুরুষ এবং মহিলাদের পরিচয় বোঝায়।

33. Which feminist perspective has patriarchy as its concept in the explanation of gender inequality?
a) Liberan feminism
b) Radical feminism
c) Socialist feminism
d) Marxist feminism

Ans. a) Radical feminism

Radical feminism is one of the perspectives of feminism which said that society is fundamentally a patriarchy in which men dominated and oppressed the women. Radical feminism wants to reorder society in order to eliminate inequality between men and women. They think that in the patriarchal society women's rights cannot be established. Radical feminist seeks to abolish the patriarchal society to liberate everyone because the patriarchal society is an unjust society.

র‍্যাডিকাল ফেমিনিজম ফেমিনিজমের এমন একটি দৃষ্টিভঙ্গি যা বলে যে সমাজ মূলত পুরুষতন্ত্র যেখানে পুরুষরা নারীদের উপর কর্তৃত্ব ও নিপীড়ন করেছিল। র‍্যাডিকেল ফেমিনিজম নারী-পুরুষের মধ্যে বৈষম্য দূর করার জন্য সমাজকে পুনর্বিন্যাস করতে চায়। তারা মনে করেন পুরুষতান্ত্রিক সমাজে নারীর অধিকার প্রতিষ্ঠা করা যায় না। উগ্র নারীবাদীরা সবাইকে মুক্ত করার জন্য পুরুষতান্ত্রিক সমাজকে বিলুপ্ত করতে চায় কারণ পিতৃতান্ত্রিক সমাজ একটি অন্যায্য সমাজ।

34. Gender studies refer to the academic study of the phenomena of
a) Gender
b) Sex
c) Patriarchy
d) None of the above
Ans. a) Gender

35. Gender stereotypes are simplistic generalizations about the gender
a) Attributes
b) Difference
c) Sexual difference
d) All of the above

Ans. a) Attributes

A gender stereotype is a general view or perception about the attributes or characteristics or roles that are possessed or performed by women and men. E.g., the traditional view about women as caregivers. The woman's responsibility is child caring etc.

জেন্ডার ভূমিকা হল এমন একটি গুণ বা বৈশিষ্ট্য বা আচরণ যা পুরুষ এবং মহিলা সমাজে সম্পাদন করে থাকে। যেমন সাধারণত এটা মনে করা হয় যে মেয়েদের কাজ হল রান্না করা, সন্তান প্রতিপালন করা ইত্যাদি। আর পুরুষদের কাজ হল উপার্জন করা ইত্যাদি। মোদ্দা কথা হল লিঙ্গ এর ভিত্তিতে কাজ ভাগ করা।

36. 'Women are more compassionate than men and have a greater propensity … but the male … is more courageous than the female' it is said by

a) Plato

b) Aristotle

c) Kant

d) Mill

Ans. b) Aristotle

Aristotle (384-322 BC) was a Greek philosopher. In his Politics, he said that women are subject to the men. Women are very compassionate, more complaining and more deceptive.

এরিষ্টটল হলেন একজন গ্রীক দার্শনিক। তার পলিটিক্স বইয়ে তিনি বলেছেন যে নারী হচ্ছে পুরুষদের অধীন। নারীরা হল খুবই আবেগী, দয়াশীল, অভিযোগকারিনী এবং প্রতারণাকারিণী হয়।

37. To call women the weaker sex is men's injustice to women… the statement is made by

a) B. R. Ambedkar

b) Karl Marx

c) M. K. Gandhi

d) M. N. Roy

Ans. a) B. R. Ambedkar

B. R. Ambedkar (14 April 1891 - 6 December 1956) was a social reformer, economist and politician. He fight against the unjust social practices, he worked for social justice, women's rights and social discrimination towards the untouchable people.

তিনি একজন সমাজ সংস্কারক, অর্থনীতিবিদ, এবং রাজনীতিবিদ। তিনি সামাজিক ন্যায় এর জন্য আজীবন লড়াই করে গিয়েছেন। সে নারী অধিকার এবং শূদ্র জাতিদের প্রতি বৈষম্য ইত্যাদি বিষয় নিয়ে কাজ করে গিয়েছেন। তিনি মনে করেন যে হিন্দু সমাজে সাম্যতা, স্বাধীনতা এবং সৌভ্রাতিত্ব নেই। এজন্যই জাতপাতের ভিত্তিতে বৈষম্য মূলক আচরণ করা হয় বলে তিনি মনে করেন।

38. Which of the following social reformers is associated with Brahmo Samaj?

a) Raja Ram Mohan Roy

b) Vivekananda

c) Annie Besant

d) Gandhi

Ans. a) Raja Ram Mohan Roy

Raja Ram Mohan Roy (22 May 1772 – 27 September 1833) was an educationist, social reformer and one of the founders of Brahmo Sabha. He was known for his effort to abolish Sati system and Child marriage. He is also known as the Father of Bengal Renaissance. The title 'Raja' is given by Akbar II, Mughal Emperor. Liberal feminism is also called mainstream feminism is the feminist theory which focus to achieve the gender equality through political and legal reform within the frame work of liberal democracy.

রাজা রাম মোহন রায় (২২ মে ১৭৭২ - ২৭ সেপ্টেম্বর ১৮৩৩) ছিলেন একজন শিক্ষাবিদ, সমাজ সংস্কারক এবং ব্রাহ্মসভার অন্যতম প্রতিষ্ঠাতা। তিনি সতী ব্যবস্থা এবং বাল্য বিবাহ বিলোপ করার প্রচেষ্টার জন্য পরিচিত ছিলেন। তিনি বঙ্গীয় রেনেসাঁর ফাদার হিসাবেও পরিচিত। 'রাজা' উপাধিটি মোগল সম্রাট দ্বিতীয় আকবর তাকে দিয়েছেন। লিবারেল ফেমিনিজমকে মূলধারার নারীবাদও বলা হয়, এই নারীবাদী তত্ত্ব মনে করেন যে, উদারনৈতিক গণতন্ত্রের কাঠামোর মধ্যে রাজনৈতিক ও আইনী সংস্কারের মাধ্যমে লিঙ্গ সমতা অর্জন করা যায়।

39. The common female stereotypical role that is prevalent is of the
a) Weaker section
b) Homemaker
c) Compassionate
d) housekeeping
Ans. b) Homemaker

MCQs of 2018 and Answer with short description

1. Impairing different characteristics as typical for male and female is considered as
a) Gender discrimination
b) Gender stereotype
c) Gender equality
d) Gender study
Ans. b) Gender stereotype

A gender stereotype is a general view or perception about the attributes or characteristics or roles that are possessed or performed by women and men. E.g., the traditional view about women as caregivers. The woman's responsibility is child caring etc.

জেন্ডার স্টেরিওটাইপ বলতে বোঝায় লিঙ্গ সম্পর্কে প্রচলিত প্রাচীন বাঁধাধরা চিন্তা ধারা। সমাজ দ্বারা স্থির করে দেওয়া নারী এবং পুরুষের বৈশিষ্ট্য বা ভূমিকা নারী এবং পুরুষের ভূমিকা, আচরণ এবং বৈশিষ্ট্য কিরকম হবে তা সমাজ স্থির করে দিয়ে দেয়। উদাহরণস্বপ নারীর বৈশিষ্ট্য হল যত্নশীল হওয়া, শিশু যত্ন ইত্যাদি। আর পুরুষরা হয় বলশালী, শৌর্যবীর্য এর অধিকারী। নারীরা পুরুষদের অধীন, নারী হল পুরুষের সম্পদ ইত্যাদি চিন্তা ধারা হচ্ছে লিঙ্গ সম্পর্কে প্রাচীন বাঁধাধরা চিন্তা।

2. The notion of formal/political leadership is stereotypically linked to

a) Masculinity

b) Femininity

c) Financial ability

d) Educational qualification

Ans. Masculinity

Masculinity means the quality or attributes regarded as characteristic of men. Traditionally it is believed that the quality of political leadership is possessed only by men.

পুরুষতন্ত্র মানে হচ্ছে এমন তন্ত্র বা সমাজ ব্যবস্থা যেখানে পুরুষরা হয় প্রধান৷ কর্তৃত্ব করা পুরুষদের বৈশিষ্ট্য এবং অধিকার হিসাবে বিবেচিত হয়৷ প্রাচীন ধারণা অনুযায়ী এটি বিশ্বাস করা হয় যে রাজনৈতিক নেতৃত্বের গুণাবলী কেবল পুরুষদের রয়েছে৷ নারীদের মধ্যে নেতৃত্ব দেওয়ার ক্ষমতা নেই৷ তারা বাড়ির কাজেই বেশী সাচ্ছন্দ্য এবং পটু৷

3. The feminist movement of modern times could be said to have started with

a) A Vindication of the Rights of Women by Mary Wollstonecraft

b) The Second sex by Beauvoir

c) Gender, the Basics by Hilary Lips

d) Gender, the key concepts in philosophy by Tina Chanter

Ans. a) A Vindication of the Rights of Women by Mary Wollstonecraft

Mary Wollstonecraft (27 April 1759 – 10 September, 1797) was an English writer, philosopher and advocate of women's rights. In her book A Vindication of the Rights of Women, she argues that women and men are both rational beings. Women are not inferior to men, it is happening because of lack of education. She suggests that both men and women should be treated equally, because naturally they are equal.

মেরি ওলস্টোনক্র্যাফ্ট (২ April এপ্রিল 1759 - 10 সেপ্টেম্বর, 1797) একজন ইংরেজ লেখক, দার্শনিক এবং মহিলাদের অধিকারের পক্ষে কথা বলে এমন লোক। তাঁর বই উইন্ডিকেশন অফ দ্য রাইটস অফ উইমেন এ তিনি যুক্তি দেখিয়েছেন যে নারী এবং পুরুষ উভয়ই যুক্তিযুক্ত প্রাণী। মহিলারা পুরুষের চেয়ে নিকৃষ্ট নয়, শিক্ষার অভাবেই এটি ঘটছে৷ তিনি পরামর্শ দেন যে পুরুষ ও মহিলা উভয়েরই প্রতি সমান আচরণ করা উচিত, কারণ স্বাভাবিকভাবেই তারা সমান।

4. In India the Sarda Act was passed for
a) Prohibition of child marriage
b) Prohibition of child trafficking
c) Sanctioning widow marriage
d) Girl's education
Ans. a) Prohibition of child marriage
The Child Marriage Restraint Act was passed on 28 September 1929, in the Imperial Legislative Council of India. The age of marriage for boys is 18 years and for girls 14 years. The act came into effect from 1 April 1930 and applied to all of British India. This act is popularly known as Sarda Act.

বালিকা বিবাহ প্রতিরোধ আইন ভারতের ইম্পেরিয়াল লেজিসলেটিভ কাউন্সিলে ১৯২৯ সালের ২৮ সেপ্টেম্বর পাস হয়েছিল। এই আইন অনুযায়ী ছেলেদের বিয়ের বয়স ১৮ বছর এবং মেয়েদের ১৪ বছর। এই আইন ১৯৩০ সালের ১ এপ্রিল থেকে কার্যকর হয় এবং এটি সমস্ত ব্রিটিশ ভারতে প্রয়োগ হয়েছিল। এই আইনটি সারদা আইন হিসাবেও পরিচিত।

5. Radical feminism emphasizes on the ending of
a) Patriarchy
b) Capitalist system
c) Democratic system
d) Matriarchy

Ans. a) Patriarchy

Patriarchal societies are the social organization where men are the head of the family or the society. It denotes an older man is powerful in every sphere within a family or organization.

পিতৃতান্ত্রিক সমাজ হল এমন সামাজিক সংগঠন যেখানে পুরুষ পরিবার বা সমাজের প্রধান হন। পুরুষদেরই সকল গুরুত্বপূর্ণ বিষয়ে সিদ্ধান্ত গ্রহণের অধিকার থাকে। এই তত্ত্ব অনুযায়ী কোনও বয়স্ক ব্যক্তিই পরিবার বা সংস্থার প্রতিটি ক্ষেত্রেই শক্তিশালী পদে আসীন থাকেন। নারীরা পুরুষদের অধীনে বাস করে এবং তাদের মতামত দেওয়ার কোন অধিকার থাকে না।

6. One of the important impacts of capitalism on women is that

a) They started to be educated

b) They started to restrict themselves at home

c) It generated income of their own

d) None of the above

Ans. c) It generated income of their own

Capitalism is the political or economical system in which a country's trade and industry are controlled by the private owners rather than the state. Capitalism focuses on the profit.

পুঁজিবাদ হ'ল রাজনৈতিক বা অর্থনৈতিক ব্যবস্থা যেখানে কোনও দেশের বাণিজ্য ও শিল্প রাষ্ট্রের পরিবর্তে ব্যক্তিগত মালিকদের দ্বারা নিয়ন্ত্রিত হয়। পুঁজিবাদ লাভের দিকে মনোনিবেশ করে। যেকোনো প্রকারে শ্রমিকদের বঞ্চনা করে লাভের অংশ বাড়ানোই পুঁজিবাদের লক্ষ্য।

7. Plato made the point that there is no reason why women could not be guardians or philosopher kings in

a) The statements

b) Theaetetus

c) Republic

d) Apology

Ans. c) Republic

The Republic is a book written by Plato. The book deals with justice, virtues, education, ideal state, the nature of philosophy and the forms of government. This book is considered as the world's most influential works of philosophy and political theory both intellectually and historically.

'রিপাবলিক' প্লাটো দ্বারা রচিত একটি বই। বইটিতে ন্যায়বিচার, নৈতিক গুণাবলী, শিক্ষা, আদর্শ রাষ্ট্র, দর্শনের প্রকৃতি এবং বিভিন্ন প্রকার সরকারের ধরণ গুলির বিষয়ে আলোচনা করা হয়েছে। এই বইটি বুদ্ধিবৃত্তিক এবং ইতিহাসগত উভয় দিক দিয়েই দর্শন এবং রাজনৈতিক তত্ত্বের ক্ষেত্রে প্রভাবশালী রচনা হিসাবে বিবেচিত হয়।

8. Socially constructed idea is that sexual assault to a woman is the fault of the

a) Society

b) Criminal

c) Victim

d) Police

Ans. c) Victim

This kind of thinking is the result of patriarchal society, where men dominate women physically, emotionally and sexually.

এই ধরণের চিন্তাভাবনা পুরুষতান্ত্রিক সমাজের ফলাফল, যেখানে পুরুষরা নারীদের শারীরিক, আবেগগত এবং যৌনগত বিষয়ে প্রভাবিত করে। নারীরা পুরুষদের অধীন, সম্পদ এবং ব্যবহারের বস্তু হিসাবে বিবেচনা করা হয়।

9. In particular, masculinity often implies superiority to the power over

a) Women

b) Society

c) State

d) Institution

Ans. a) Women

Masculinity means the quality or attributes regarded as characteristic of men. Traditionally it is believed that men are superior to women in all respects.

পিতৃতান্ত্রিক সমাজ হল এমন সামাজিক সংগঠন যেখানে পুরুষ পরিবার বা সমাজের প্রধান হন। পুরুষদেরই সকল গুরুত্বপূর্ণ বিষয়ে সিদ্ধান্ত গ্রহণের অধিকার থাকে। এই তত্ত্ব অনুযায়ী কোনও বয়স্ক ব্যক্তিই পরিবার বা সংস্থার প্রতিটি ক্ষেত্রেই শক্তিশালী পদে আসীন থাকেন। নারীরা পুরুষদের অধীনে বাস করে এবং তাদের মতামত দেওয়ার কোন অধিকার থাকে না। এটি বিশ্বাস করা হয় যে পুরুষরা সব ক্ষেত্রেই মহিলাদের চেয়ে শ্রেষ্ঠ।

10. The factor which is not considered as a feature of femininity is

a) Gentleness

b) Caring attitude

c) Politeness

d) Aggressiveness

Ans. d) Aggressiveness

Generally it is believed that women are emotional, soft, gentle, and innocent in nature.

সাধারণতঃ এটি বিশ্বাস করা হয় যে মহিলারা সংবেদনশীল, নরম, কোমল এবং নিরীহ প্রকৃতিরা।সৌম্যতা, যত্নশীল মনোভাব,ভদ্রতা এবং নম্রতা তাদের স্বভাব।

11. The Equal Remuneration Act in India was passed in

a) 1976

b) 1970

c) 1980

d) 1974

Ans. a) 1976

The full title of the Equal Remuneration Act is An Act to provide for the payment of equal remuneration to men and women workers and for the prevention of discrimination on the ground of sex, against women in the matter of employment and for matters connected therewith or incidental thereto. The chief motive of this act is to provide remuneration to men and women to avoid discrimination against women and treat the women in a fair and just manner.

এই আইনের প্রধান উদ্দেশ্য হ'ল নারী-পুরুষের মধ্যে বৈষম্য এড়ানোর জন্য কর্মক্ষেত্রে নারীদের এবং পুরুষদেরকে সমান পারিশ্রমিক প্রদান এবং নারীদের সাথে সুষ্ঠু ও ন্যায়সঙ্গত আচরণ করা।

12. In India, the survey on unpaid work of women was included for the first time in

a) 1981 census

b) 1991 census

c) 2001 census

d) 2011 census

Ans. b) 1991 census

Census is the source of information on demography, economic affairs, literacy, education, housing, household amenities, urbanization, fertility and mortality, scheduled caste, scheduled tribe, language, religion and many other socio-cultural data. Censuses have been undertaken uninterruptedly once every ten years.

আদম শুমারি , জনসংখ্যা, অর্থনৈতিক বিষয়, সাক্ষরতা, শিক্ষা, আবাসন, গৃহস্থালী সুবিধা, নগরায়ন, জন্মহার এবং মৃত্যুহার, তফসিলি জাতি, তফসিলী উপজাতি, ভাষা, ধর্ম এবং অন্যান্য অনেক সামাজিক-সাংস্কৃতিক সম্পর্কিত তথ্যের উৎস ।

প্রতি দশ বছরে একবার নিরবচ্ছিন্নভাবে আদমশুমারি করা হয়ে থাকে।

13. Women are subordinate to men in the society is
a) Matrilineal society
b) Matrilineal society
c) Patriarchal society
d) all of the above
Ans. c) Patriarchal society
Patriarchal societies are the social organization where men are the head of the family or the society. It denotes an older man is powerful in every sphere within a family or organization.

পুরুষতন্ত্র মানে হচ্ছে এমন তন্ত্র বা সমাজ ব্যবস্থা যেখানে পুরুষরা হয় প্রধান। কর্তৃত্ব করা পুরুষদের বৈশিষ্ট্য এবং অধিকার হিসাবে বিবেচিত হয়। প্রাচীন ধারণা অনুযায়ী এটি বিশ্বাস করা হয় যে রাজনৈতিক নেতৃত্বের গুণাবলী কেবল পুরুষদের রয়েছে। নারীদের মধ্যে নেতৃত্ব দেওয়ার ক্ষমতা নেই। তারা বাড়ির কাজেই বেশী সাচ্ছন্দ্য এবং পটু।

পিতৃতান্ত্রিক সমাজগুলি এমন সামাজিক সংগঠন যেখানে পুরুষ পরিবার বা সমাজের প্রধান হন। এই ব্যবস্থায় কোনও বয়স্ক ব্যক্তিই পরিবার বা সংস্থার প্রতিটি ক্ষেত্রেই শক্তিশালী পদে আসীন থাকেন।

14. Marriage of Hindu Widows was written by
a) Iswar Chandra Vidyasagar
b) B. R. Ambedkar
c) M. K. Gandhi
d) Jawaharlal Nehru
Ans. a) Iswar Chandra Vidyasagar
Iswar Chandra Vidyasagar was an Indian educator and social reformer. Born on 26 sep. 1820 and died on 29 July

1891. He is considered the father of Bengali Prose. In this book the author beautifully discusses the position and the status of Hindu widow women in the society.

বিদ্যাসাগর ছিলেন একজন ভারতীয় শিক্ষাবিদ এবং সমাজ সংস্কারক। 26 সেপ্টেম্বর 1820 তিনি জন্ম গ্রহণ করেন এবং 29 জুলাই 1891 সালে তিনি মারা যান। তিনি বাংলা গদ্যের জনক হিসাবে বিবেচিত হন। এই বইতে লেখক সমাজের হিন্দু বিধবা মহিলাদের অবস্থান এবং অবস্থান সম্পর্কে সুন্দর করে আলোচনা করেছেন।

15. Polygamy and child marriage were strongly opposed by
a) Rabindranath Tegore
b) Jyotirao Phule
c) Raja Ram mohan Roy
d) Amartya Sen
Ans. b) Jyotirao Phule

Jyotirao Govindrao Phule (11-04-1827 – 28-11-1890) was an Indian educationist and social reformer from Maharashtra. His work extended in many fields such as women and child education, eradication of caste system and untouchability, equal right to men and women etc. he formed Satyashodak Samaj (society of truth seekers) to attain equal rights for people from exploited castes.

জ্যোতিরাও গোবিন্দরাব ফুলে (11-04-1827 - 28-11-1890) মহারাষ্ট্রের একজন ভারতীয় শিক্ষাবিদ এবং সমাজ সংস্কারক ছিলেন। তাঁর কাজ বহু ক্ষেত্রে যেমন নারী ও শিশুশিক্ষা, বর্ণপ্রথা নির্মূল ও অস্পৃশ্যতা, পুরুষ ও মহিলাদের সমান অধিকার ইত্যাদি ক্ষেত্রে প্রসারিত। তিনি শোষিত বর্ণের মানুষের সমান অধিকার অর্জনের জন্য সত্যশোদক সমাজ (সত্যসন্ধানীদের সমাজ) গঠন করেছিলেন।

16. Woman is more fitted than man to mark Ahimsa is said by
a) Subhash Chandra Bose

b) Lala Rajpat Rai

c) M. K. Gandhi

d) Benzir Bhutto

Ans. c) M. K. Gandhi

Mahatma Gandhi (born October 2, 1869 in Porbandar – died January 30, 1948 in Delhi) was the Indian lawyer, political ethicist and India's non- violent leader of the Independence movement against the British rule. Gandhi thinks that women should be treated as equally as men in the private as well as public sector society. Women have been suppressed because of law and customs which are created by the men. So the man should work for the development and upliftment of the woman. He also said that women are more superior to men in their moral and spiritual strength.

মহাত্মা গান্ধী (জন্ম: ২ অক্টোবর, 1869 পোরবন্দরে - মৃত্যু হয়েছিল 30 শে জানুয়ারি, 1948 দিল্লিতে) তিনি ছিলেন ভারতীয় আইনজীবী, রাজনৈতিক নীতিশাস্ত্রী এবং ব্রিটিশ শাসনের বিরুদ্ধে স্বাধীনতা আন্দোলনের ভারতের অহিংস নেতা। গান্ধী মনে করেন যে বেসরকারী, সরকারী এবং সমাজের প্রতিটি ক্ষেত্রে নারী এবং পুরুষদের প্রতি সমান আচরণ করা এবং সমান অধিকার হওয়া উচিত। পুরুষদের দ্বারা তৈরি আইন ও রীতিনীতিগুলির কারণে মহিলারা আজ অনবদমিত এবং নিপীড়িতা। সুতরাং পুরুষের উচিত মহিলার বিকাশ ও উন্নয়নের জন্য কাজ করা। তিনি আরও বলেছিলেন যে নারীরা তাদের নৈতিক ও আধ্যাত্মিক শক্তিতে পুরুষদের চেয়ে বেশি উন্নত।

17. A Bill passed in 1955 to ensure inheritance rights in ancestral property is called

a) Property code bill

b) Ownership bill

c) The Hindu code bill

d) None of the above

Ans. c) The Hindu code bill

The Hindu code bills were several laws that aimed to reform Hindu personal law in India. To unify the nation is the main objective of bringing these bills. The four Hindu code bills are Hindu marriage act, Hindu succession act, Hindu minority and guardianship act and Hindu adoptions and maintenance act.

হিন্দু কোড বিলগুলি হল বেশ কয়েকটি আইন যা ভারতের হিন্দু ব্যক্তিগত আইন সংস্কার করার লক্ষ্যে করা হয়েছিল। জাতিকে একত্র করাই এই বিলগুলি আনার মূল লক্ষ্য। চারটি হিন্দু কোড বিল হ'ল হিন্দু বিবাহ আইন, হিন্দু উত্তরাধিকার আইন, হিন্দু সংখ্যালঘু এবং অভিভাবক আইন এবং হিন্দু গ্রহণ এবং রক্ষণাবেক্ষণ আইন।

18. The full form of NFIW is

a) National federation of Indian women　　　　b) National federation of International women

c) National federation of Indigenous women d) None of the above

Ans. a) National federation of Indian women

National federation of Indian women is the women wing of Comunist party of india. It was founded by Aruna Asaf Ali in the year of 1954, 4th June. This organization is inspired by a vision of women across the world uniting against imperialism, poverty and disease.

National federation of Indian women ভারতের কমুনিস্ট দলের মহিলা শাখা। এই সংস্থার প্রতিষ্ঠাতা হলেন অরুণা আসফ আলী। এটি প্রতিষ্ঠিত হয় ১৯৫৪ সালের ৪ জুন। সাম্রাজ্যবাদ, দারিদ্র্য এবং রোগের বিরুদ্ধে বিশ্ববাসীকে একত্র করার লক্ষ্যে অনুপ্রাণিত এই সংস্থাটি।

19. The 'Chipko Movement' was launched in Himalayan regions by

a) Baba Amte

b) Sunderlal Bahuguna

c) Medha Patekar

d) Arundhati Roy

Ans. b) Sunderlal Bahuguna

Chipko Movement was a forest conservation movement or Andolan in India. This movement started in 1973 in Uttarakhand. Sunderlal Bahuguna, a Gandhian activist was the leader of this movement; he used the slogan 'ecology is the permanent economy.' This movement addresses the indigenous or tribal and marginalized people's issues, because most of the indigenous people live in forest areas, living with nature is part of their culture. Another important thing is that the support for the movement came mainly from the women.

চিপকো আন্দোলন ছিল ভারতের বন সংরক্ষণ বিষয়ক আন্দোলন। এই আন্দোলনটি ১৯৭৩ সালে উত্তরাখণ্ডে শুরু হয়েছিল। এই আন্দোলনের নেতা ছিলেন সুন্দরলাল বহুগুনা যিনি একজন গান্ধীর আদর্শে অনুপ্রাণিত ব্যক্তি। তিনি 'বাস্তুসংস্থানই স্থায়ী অর্থনীতি' এই স্লোগানটি দিয়েছিলেন। এই আন্দোলন আদিবাসী বা উপজাতি এবং প্রান্তিক মানুষের সমস্যাগুলিকে সম্বোধন করে, কারণ বেশিরভাগ আদিবাসী বনাঞ্চলে বাস করে, প্রকৃতির সাথে বাস করা তাদের সংস্কৃতির অংশ। আর একটি গুরুত্বপূর্ণ বিষয় হ'ল এই আন্দোলনের পক্ষে সমর্থনটি মূলত মহিলাদের কাছ থেকে এসেছে।

20. An example of violence on women within home is

a) Girl child abuse

b) Rape

c) Eve teasing

d) Witch hunting

Ans. a) Girl child abuse

Girl child abuse or maltreatment is physical, sexual or

emotional maltreatment by the parents or by caregivers. Any action which harm potentially or actually to child is also called child abuse. This maltreatment can occur in the home, school and communities where the child interacts with the people.

বালিকা শিশু নির্যাতন বা শিশুর প্রতি অপব্যবহার হ'ল পিতামাতা বা তত্ত্বাবধায়ক দ্বারা শারীরিক, যৌন বা মানসিক নির্যাতন। শিশুর ক্ষতি হতে পারে বা বাস্তবিক পক্ষে ক্ষতি হতে পারে এমন যে কোনও ক্রিয়াকলাপকে শিশু নির্যাতন বলা হয়৷ এই অপব্যবহারটি বাড়ি, স্কুল এবং সম্প্রদায়গুলিতে ঘটতে পারে যেখানে শিশু বিভিন্ন মানুষের সাথে আদান প্রদান করে৷

21. Women may be mentally abuse by

a) Humiliation

b) Dominance

c) Intimidation

d) all of the above

Ans. d) all of the above

Mental abuse or emotional abuse or psychological abuse is a form of abuse or actions or behavior by which a person can become exhausted and depressed. Mental abuse is any kind of abuse that is emotional rather than physical in nature. Constant criticism, manipulation, Humiliation, Dominance and Intimidation all of these can lead to mental abuse.

মানসিক নির্যাতন বা আবেগীয় অপব্যবহার হল এমন ক্রিয়া বা আচরণ যা দ্বারা কোনও ব্যক্তি ক্লান্ত ও হতাশায় ভুগতে পারে৷ মানসিক নির্যাতন বা অপব্যবহার শারীরিক নির্যাতনের চেয়ে বেশি সংবেদনশীল৷ অবিচ্ছিন্ন সমালোচনা, কারসাজি, অবমাননা, আধিপত্য এবং হুমকি এই সমস্ত কিছুই মানসিক নির্যাতনের দিকে নিয়ে যেতে পারে৷

22. In Article 14, constitution guarantees the

a) Political equality
b) Economic equality
c) Equality before law
d) None of the above
Ans. c) Equality before law
According to Article 14 all citizens are equal before the law. It states: 'the state shall not deny to any person equality before the law or the equal protection of the laws within the territory of India.'

ভারতীয় সংবিধানের ১৪ নং অনুচ্ছেদ অনুযায়ী আইনের সামনে সবাই সমান। রাষ্ট্র কোন ব্যক্তিকে সমান অধিকার থেকে বঞ্চিত করবে না। এবং ভারতের ভূখণ্ডে সকলকে সমান ভাবে সুরক্ষা প্রদান করা হবে।

23. The Indian Divorced Act was passed in
a) 1969
b) 1979
c) 1949
d) 1939
Ans. a) 1969

In India divorce rules and procedure differ according to the community of the couple. The divorced among Hindu, Buddhist, Sikhs and Jains is conducted by the Hindu Marriage Act, 1955, the Christians is governed by the Indian Divorced Act, Muslims by the Dissolution of Muslim Marriage Act, 1939, Parsis by the Parsi Marriage and Divorce Act, 1936 and the civil and inter-community marriages by the Special Marriage Act, 1956.

ভারতে বিবাহ বিচ্ছেদের নিয়ম ও পদ্ধতি দম্পতির সম্প্রদায় অনুসারে পৃথক। হিন্দু, বৌদ্ধ, শিখ এবং জৈন ধর্মে বিশ্বাসী ব্যক্তিদের হিন্দু বিবাহ আইন, ১৯৫৫ দ্বারা পরিচালিত হয়, খ্রিস্টানরা ভারতীয় বিবাহবিচ্ছেদ আইন দ্বারা পরিচালিত হয়, মুসলিমগণ মুসলিম বিবাহ বিচ্ছেদ আইন, ১৯৩৯ দ্বারা এবং পার্সীরা পার্সী বিবাহ

এবং বিবাহবিচ্ছেদ আইন ১৯৩৬ দ্বারা হয়ে থাকে আর সিভিল এবং আন্ত সম্প্রদায়ের বিবাহ এবং বিবাহ বিচ্ছেদ, বিশেষ বিবাহ আইন, ১৯৫৬ দ্বারা পরিচালিত হয়ে থাকে।

24. The Hindu Marriage Act was passed in
a) 1966
b) 1975
c) 1985
d) 1955
Ans, d) 1955
The Hindu Marriage Act was passed in1955; the main purpose of this act is to amend and codify the law relating to Hindu marriage and to bring the uniformity of law for all sections of Hindus. In this act the procedure of separation and divorce is also included.

হিন্দু বিবাহ আইন ১৯৫৫ সালে পাস হয়েছিল; এই আইনের মূল উদ্দেশ্য হিন্দু বিবাহ সম্পর্কিত আইন সংশোধন এবং সমস্ত হিন্দু ধর্মের লোকেদের আইনের অভিন্নতা আনয়ন। কেননা হিন্দু ধর্ম হলেও বিভিন্ন সম্প্রদায়ের বিবাহ রীতিনীতি বিভিন্ন রকম হয়ে থাকে। এই আইনে বিচ্ছেদ এবং বিবাহবিচ্ছেদের পদ্ধতিও অন্তর্ভুক্ত রয়েছে।

25. In Article 39 constitution guarantees
a) Equal rights for men and women
b) Equal pay for equal work for men and women
c) Equal property rights
d) None of the above
Ans. b) Equal pay for equal work for men and women
Article 39 of Indian constitution said, men and women equally have the right to an adequate means to livelihood. There is equal pay for equal work for both men and women. The health and strength of workers, men and

women, and their tender age of children are not abused and that citizens are not forced by economic necessity to enter avocations unsuited to their age or strength.

ভারতীয় সংবিধানের ৩৯ নং অনুচ্ছেদে বলা হয়েছে, জীবিকা নির্বাহের এবং জীবন যাপনের জন্য পুরুষ ও মহিলাদের সমান অধিকার রয়েছে। নারী পুরুষ উভয়ের জন্য সমান কাজের জন্য সমান বেতনের কথা বলা হয়েছে। শ্রমিকদের ক্ষমতার অপব্যবহার যাতে না করা হয়, পুরুষ এবং মহিলাদের স্বাস্থ্য এবং শক্তির উপর নজর যাতে দেওয়া হয় এবং কোন নাগরিককে এমন কাজ করার জন্য জোর না দেওয়া হয় যে কাজে সেই ব্যক্তি বয়স এবং শক্তির দিক দিয়ে যোগ্য নয়।

26. The dowry prohibition (amendment) act was passed in
a) 1984
b) 1964
c) 1974
d) 1994
Ans. a) 1984

The dowry prohibition act was enacted on 1st May 1961. The purpose of the dowry prohibition act is to prevent the giving or receiving of dowry. Dowry includes property, goods or money given by either party to the marriage, by the parents of either party or by anyone else in connection with the marriage. This act applies to all the citizens irrespective of caste and religion in India.

১৯৬১ সালের ১ মে যৌতুক নিষিদ্ধ আইন কার্যকর করা হয়েছিল। এবং ১৯৮৪ সালে এর সংশোধন করা হয়েছো যৌতুক নিষিদ্ধকরণ আইনটির মূল উদ্দেশ্য হ'ল যৌতুক দেওয়া বা নেওয়া রোধ করা। এই আইন অনুযায়ী বিবাহের সময় টাকা, সম্পত্তি এবং কোন প্রকার জিনিস দেওয়া এবং নেওয়া যৌতুক বলে মনে করা হয়। এই আইন ভারতে বর্ণ ও ধর্ম নির্বিশেষে সকল নাগরিকের জন্য প্রযোজ্য।

27. The full form of PNDT is
a) Pre-natal Diagnostic Technique

b) Person Not Develop Term

c) Post National Democratic Tenure

d) None of the above

Ans. a) Pre-natal Diagnostic Technique

Pre-natal Diagnostic Technique Act, 1994 is an act which prevents the prenatal sex determination. The chief purpose of this act is to ban the use of sex selection techniques after conception and prevent the misuse of Pre-natal Diagnostic Technique for sex selective abortions.

Pre-natal Diagnostic Technique Act, 1994 একটি আইন যা প্রসবপূর্ব যৌন নির্ধারণকে বাধা দেয়। এই আইনের মূল উদ্দেশ্যটি হল যৌন নির্বাচন কৌশল ব্যবহার নিষিদ্ধ করা এবং যৌন নির্বাচনী গর্ভপাতের Pre-natal ডায়াগনস্টিক প্রযুক্তির অপব্যবহার রোধ করা।

28. IPC Section 498 is about

a) Abortion

b) Women harassment

c) Domestic violence

d) all of the above

Ans. c) Domestic violence

According to Indian Penal Code (IPC) Section 498, enticing or taking away or detaining with criminal intent a married woman shall be punished with imprisonment for two years or fine or with both. 498A said whoever being the husband or relative of the husband of a women, treating a woman with cruelty shall be punished with imprisonment for a term which may extend to three years or shall also be liable to fine.

ভারতীয় দণ্ডবিধির (আইপিসি) ধারা ৪৯৮ অনুসারে কোন ব্যক্তি যদি কোন বিবাহিত মহিলাকে অপরাধ করার অভিপ্রায় নিয়ে বা প্রলোভন দেখিয়ে বা অপহরণ করে তাহলে দুই বছরের কারাদণ্ড বা জরিমানা বা উভয় দণ্ডে দণ্ডিত হতে পারে। 498

A এ বলা হয়েছে স্বামী হিসাবে বা স্বামীর আত্মীয় হয়ে যদি কোন ব্যক্তি মহিলার সাথে নির্মম আচরণ করে তবে সেই ব্যক্তির তিন বছরের জন্য জেল হতে পারে বা জরিমানা হতে পারে।

29. Feminist movement works to
a) Deconstruct gender stereotype
b) Reconstruct gender
c) Deconstruct gender
d) None of the above
Ans. a) Deconstruct gender stereotype
Feminist movement is the liberation movement of women. It refers to the political campaign for reforms on issues relating to gender equality, gender rights, domestic violence, equal pay, equal rights, sexual harassment and all the women related issues. This movement wants to deconstruct the society in order to achieve the gender equality and abolish the gender discrimination.
নারীবাদী আন্দোলন হ'ল মহিলাদের মুক্তি আন্দোলন। এটি লিঙ্গ সমতা, লিঙ্গ অধিকার, গার্হস্থ্য সহিংসতা, সমান বেতন, সমান অধিকার, যৌন হয়রানি এবং সমস্ত নারী সম্পর্কিত কার্যকলাপ সংস্কারের রাজনৈতিক প্রচারকে নির্দেশ করে। এই আন্দোলনটি লিঙ্গ বৈষম্য দূর এবং লিঙ্গ সমতা আনার জন্য সমাজকে পুনর্বিন্যাস করতে চায়।

30. Which form of feminism is most closely associated with intersectional?
a) Postmodernism
b) Black
c) Radical
d) Socialist
Ans. b) Black
Black feminism is a philosophy that centers on the idea

that Black women are valuable and the liberation of Black women are necessary for the autonomy of human beings. Race, class and gender discrimination are the different aspect of hierarchy. Intersectionality is the analytical framework for understanding how the social, racial, sexual and political identity creates a discrimination and privilege.

ব্ল্যাক ফেমিনিজম এমন একটি দর্শন যা কালো নারীদের মূল্যবান বলে মনে করে এবং মানুষের স্বায়ত্তশাসনের জন্য কালো নারীদের মুক্তি প্রয়োজনীয় বলে মনে করে। বর্ণ, শ্রেণি এবং লিঙ্গ বৈষম্য এগুলো হল ক্রমোচ্চ শ্রেণিবিভগের বিভিন্ন দিক। এটা জাতি, বর্ণ, লিঙ্গ নির্বিশেষে সবাইকে সমান চোখে দেখে না। প্রতিচ্ছেদ তত্ত্ব বা Intersectionality হ'ল সামাজিক, বর্ণ, যৌন ও রাজনৈতিক পরিচয় কীভাবে বৈষম্য এবং সুযোগ তৈরি করে তা বোঝার বিশ্লেষণমূলক কাঠামো।

31. Which feminist perspectives have patriarchy as its fundamental concept in the explanation of gender inequality?
a) Liberal
b) Radical
c) Socialist
d) Marxist
Ans. b) Radical
Radical feminism is one of the perspectives of feminism which said that society is fundamentally a patriarchy in which men dominated and oppressed the women. Radical feminism wants to reorder society in order to eliminate inequality between men and women. They think that in the patriarchal society women's rights cannot be established. Radical feminist seeks to abolish the patriarchal society to liberate everyone because the patriarchal society is an unjust society.

র‍্যাডিকাল ফেমিনিজম ফেমিনিজমের এমন একটি দৃষ্টিভঙ্গি যা বলে যে সমাজ মূলত পুরুষতন্ত্র, যেখানে পুরুষরা নারীদের উপর আধিপত্য বিস্তার করে এবং নিপীড়ন করে। র‍্যাডিকেল ফেমিনিজম নারী-পুরুষের মধ্যে বৈষম্য দূর করার জন্য সমাজকে পুনর্বিন্যাস করতে চায়। তারা মনে করেন পুরুষতান্ত্রিক সমাজে নারীর অধিকার প্রতিষ্ঠা করা যায় না। উগ্র নারীবাদীরা সবাইকে মুক্ত করার জন্য পুরুষতান্ত্রিক সমাজকে বিলুপ্ত করতে চায় কারণ পিতৃতান্ত্রিক সমাজ একটি অন্যায্য সমাজ।

32. Gender roles refer to

a) Rights, responsibilities and relationships of women and men.

b) The subordination of women based on the assumption of superiority of men

c) Both a and b

d) None of the above

Ans. a) Rights, responsibilities and relationships of women and men

A gender role is a sex based role or behavior or attitudes that are generally accepted in the society.

লিঙ্গ ভূমিকা হল একটি লিঙ্গ ভিত্তিক ভূমিকা বা আচরণ বা মনোভাব যা সাধারণত সমাজে গৃহীত হয়। যেমন নারীর কাজ বা ভূমিকা হল সন্তান প্রতিপালন করা, স্বামীর সেবা করা, রান্না করা, ঘর ধোঁয়া মুছা করা ইত্যাদি। আর পুরুষের কাজ হল উপার্জন করে আনা।

33. The idea of gender sensitive lens came from which feminist theorist?

a) Titchener

b) Euloe

c) Peterson and Runyan

d) None of the above

Ans. c) Peterson and Runyan

34. Gendering of world politics is seen in which of the following areas?
a) Prostitution and human trafficking
b) Civil war and refugee flows
c) Trade and development
d) All of the above
Ans. d) All of the above

35. Who is not known as liberal feminist?
a) Mary Wollstonecraft
b) Rousseau
c) J. S. Mill
d) None of the above
Ans. b) Rousseau

Jean Jacques Rousseau (28 June 1712 – 2 July 1778) was a French philosopher and writer. His political philosophy influenced the progress of enlightenment throughout Europe. His book 'Discourse on Inequality' and 'The Social Contract' are the cornerstone of political philosophy. Emile or on Education is the educational treatise on human place in the society. He thinks that inequality is not a natural outcome, but rather it is a human choice.

Mary Wollstonecraft and J. S. Mill both are known as liberal feminist.

জিন জ্যাক রুশো (২৮ জুন 1712 - 2 জুলাই 1778) ছিলেন একজন ফরাসি দার্শনিক এবং লেখক৷ তাঁর রাজনৈতিক দর্শন সমগ্র ইউরোপ আলোকিত করেছে এবং ইউরোপের অগ্রগতিকে প্রভাবিত করেছো তাঁর বই ডিসকোর্স অন ইনইকুয়ালিটি ' এবং 'দ্য সোশ্যাল কন্ট্রাক্ট' রাজনৈতিক দর্শনের মূল ভিত্তি৷ এমিল বা অন এডুকেশন হ'ল সমাজের মানবিক স্থান সম্পর্কিত শিক্ষামূলক গ্রন্থ৷ তিনি

মনে করেন যে বৈষম্য কোনও প্রাকৃতিক ফলাফল নয়, বরং এটি হল মানুষের পছন্দ।

মেরি ওলস্টোনক্রাফট এবং জে এস মিল দুজনেই উদারপন্থী নারীবাদী হিসাবে পরিচিতা।

36. Which view says that 'women's subordination began with the development of private property?'
a) Liberal view
b) Traditional view
c) Marxist view
d) Socialist feminist view
Ans. c) Marxist view

Marxist feminism believes that women are exploited because of capitalism and individual ownership of private property. They also believed that women liberation can only be achieved by destroying the capitalist mode of society.

মার্কসবাদী নারীবাদ বিশ্বাস করে যে পুঁজিবাদ এবং ব্যক্তিগত সম্পত্তির স্বতন্ত্র মালিকানার কারণে নারীরা শোষিত হয়। তারা আরও বিশ্বাস করে যে কেবলমাত্র সমাজের পুঁজিবাদী পদ্ধতি ধ্বংস করেই নারী মুক্তি অর্জন করা যায়।

37. When was the All India Women's Conference (AIWC) founded?
a) 1927
b) 1988
c) 1930
d) 1931
Ans. a) 1927

All India Women's Conference (AIWC) was established in 1927 and registered in 1930 under the Societies

Registration Act XXI of 1850. This organization worked for the upliftment and betterment of the women and child. It was founded by Margaret Cousins for the development of women and child education and also to tackle other women's rights issues.

নিখিল ভারত মহিলা সম্মেলন (এআইডব্লিউসি) প্রতিষ্ঠিত হয়েছিল ১৯২৭ সালে এবং ১৯৩০ সালে সমিতি রেজিস্ট্রেশন আইন XXI, ১৮৫০ এর আওতায় নিবন্ধিত হয়েছিল। এই সংস্থাটি নারী ও শিশুর উন্নতির জন্য কাজ করে। এটি মহিলা এবং শিশুশিক্ষার বিকাশের জন্য এবং অন্যান্য মহিলা অধিকার সম্পর্কিত সমস্যা মোকাবেলার জন্য মার্গারেট কজিন্স দ্বারা প্রতিষ্ঠিত হয়েছিল।

38. When was the National Commission for Women founded?

a) 1991

b) 1971

c) 1992

d) 1981

Ans. c) 1992

National Commission for Women is the statutory body of the Government of India. The commission was established on 31st January 1992. The first head of the commission was Jayanti Patnaik. The objective of NCW is to raise a voice for women. It also campaigns regarding dowry, equal representation of men and women, women jobs and the exploitation of the women for labor. Review the constitutional and legal safeguards for women. The commission advises the Government on all policy matters affecting women. The point is that the NCW discusses and is aware of all women related issues. The commission publishes regularly the newsletter known as Rastra Mahila, in both Hindi and English language. The present chairperson of the NCW is Rekha Sharma.

জাতীয় কমিশন ভারত সরকারের সংবিধিবদ্ধ সংস্থা। কমিশনটি ৩১ শে জানুয়ারী ১৯৯২ সালে প্রতিষ্ঠিত হয়েছিল। কমিশনের প্রথম প্রধান ছিলেন জয়ন্তী পট্টনায়েক। এনসিডব্লিউর উদ্দেশ্য হ'ল মহিলাদের জন্য আওয়াজ তোলা। এটি যৌতুক, পুরুষ ও মহিলাদের সমান প্রতিনিধিত্ব, মহিলা চাকরি এবং শ্রম, নারীদের শোষণ ইত্যাদি সম্পর্কিত বিষয়ে প্রচার চালায়। মহিলাদের জন্য সাংবিধানিক এবং আইনী সুরক্ষা পর্যালোচনা করে।   কমিশন মহিলাদের প্রভাবিত করে এমন সকল নীতিমালার বিষয়ে সরকারকে পরামর্শ দেয়। মূল বক্তব্যটি হ'ল এনসিডাব্লু মহিলা সম্পর্কিত সমস্ত বিষয়ে আলোচনা করে এবং জনগণকে সচেতন করে।   কমিশন হিন্দি এবং ইংরেজি উভয় ভাষায় নিয়মিত 'রাষ্ট্র মহিলা' নামে নিউজলেটার প্রকাশ করে। এনসিডব্লিউর বর্তমান চেয়ারপারসন হলেন রেখা শর্মা।

MCQs of 2017 and Answer with short description

1. The difference between sex and gender is

a) Both symbolizes the same meaning

b) Sex is biological determination and gender is socio-cultural construct

c) Sex and gender are both biological identification

d) None of the above

Ans. b) Sex is biological determination and gender is socio-cultural construct

2. Patriarchy means

a) A male dominated society

b) An equally control society

c) A female dominated society

d) None of the above

Ans. a) A male dominated society

Patriarchal societies are the social organization where men are the head of the family or the society. It denotes an older man is powerful in every sphere within a family or organization.

পিতৃতান্ত্রিক সমাজ হল এমন সামাজিক সংগঠন যেখানে পুরুষ পরিবার বা সমাজের প্রধান হন। কোনও বয়স্ক ব্যক্তি পরিবার বা সংস্থার প্রতিটি ক্ষেত্রেই শক্তিশালী পদে আসীন থাকেন। এই সমাজ ব্যবস্থায় নারীরা পুরুষের অধীন বলে বিবেচিত হয়। নারীদের কোন নিজস্বতা থাকে না। নিজস্ব পরিচয় বলে কিছু নেই, স্বামীর পরিচয়ই

তার পরিচয়৷ শিশু কালে সে বাবার অধীনে থাকে, বিয়ের পর স্বামীর আধীনে আর বৃদ্ধ বয়সে ছেলের অধীনে থেকে তাকে জীবন অতিবাহিত করতে হয়৷

3. Different strategies have been used in the women's movement to

a) Spread awareness

b) Seek justice

c) Fight discrimination

d) All of the above

Ans. d) All of the above

4. Patrilineal means

a) Two family having the common origin

b) A family counted for another branch of family

c) Family traces the lineage from the father side

d) Family traces the lineage from the mother side

Ans. c) Family traces the lineage from the father side

5. Marriage to more than one wife is called

a) Polyandry

b) Polygamy

c) Matrilineality

d) Matrifocality

Ans. b) Polygamy

When a man is married to more than one wife at a time, it is called polygamy. When a woman is married to more than one husband at a time, it is called polyandry.

যখন একজন পুরুষ একসাথে একাধিক স্ত্রীর সাথে বিবাহ বন্ধনে আবদ্ধ হয় তখন তাকে বহুবিবাহ বলা হয়৷ যখন কোনও মহিলা একসাথে একাধিক স্বামীর সাথে বিবাহ বন্ধনে আবদ্ধ হয় তখন তাকে বহুভর্তৃকত্ব বলা হয়৷ একই মহিলা দ্বারা একই কালে বহু পতি গ্রহণ৷

6. Who authored the book 'The Origin of Family, Private Property and the State?
a) Annie Besant
b) Ram mohan Roy
c) Irom Chanu Sharmila
d) Frederich Engles
Ans. d) Frederich Engles

Frederich Engles (28 November 1820 – 5 August 1895) was a German philosopher, economist, political theorist and revolutionary socialist. This book discusses the ancient society which describes different stages of human development. This book said that the first domestic institution in human history was the matrilineal clan.

ফ্রেডেরিচ এঙ্গেলস (২৮ নভেম্বর ১৮২০ - ৫ আগস্ট ১৮৯৫) ছিলেন একজন জার্মান দার্শনিক, অর্থনীতিবিদ, রাজনৈতিক তাত্ত্বিক এবং বিপ্লবী সমাজতান্ত্রিক। এই বইটিতে প্রাচীন সমাজ নিয়ে আলোচনা করা হয়েছে যা মানব বিকাশের বিভিন্ন ধাপ বর্ণনা করে। এই বইয়ে বলা হয়েছিল যে মানব ইতিহাসের প্রথম গার্হস্থ্য প্রতিষ্ঠানটি ছিল ম্যাট্রিলিনাল বংশা।

7. The term 'masculine and 'feminine' refer to
a) Sex
b) Gender
c) Both a and b
d) None of the above
Ans. b) Gender

8. Whose effort led to the widow remarriage act of 1856?
a) Iswar Chandra Vidyasagar
b) Ram mohan Roy
c) R. N. Tagore
d) Gandhi

Ans. a) Iswar Chandra Vidyasagar

He was an Indian educator and social reformer. Born on 26 sep. 1820 and died on 29 July 1891. He is considered the father of Bengali Prose. The Hindu Remarriage Act, 1856 enacted on 26 July. It was drafted by Lord Dalhousie and passed by Lord Canning.

বিদ্যাসাগর ছিলেন একজন ভারতীয় শিক্ষাবিদ এবং সমাজ সংস্কারক। ২৬ সেপ্টেম্বর ১৮২০ সালে তিনি জন্ম গ্রহণ করেন এবং ২৯ জুলাই ১৮৯১ সালে তিনি মারা যান। তিনি বাংলা গদ্যের জনক হিসাবে বিবেচিত হন। হিন্দু পুনর্বিবাহ আইন ১৮৫৬ সালের ২৬ জুলাই থেকে চালু হয়েছে। লর্ড ডালহৌসি এই আইনের খসড়া তৈরি করেন আর লর্ড কাননিং এর সময়ে এই আইনটি পাস হয়।

9. International Women's Day is celebrated on
a) 8 March
b) 10 March
c) 12 March
d) 9 March
Ans. a) 8 March

The date of 8th March is selected for the celebration of women's day because this is the day when women of Soviet Russia started protesting for the right to vote which they were granted in 1917.

৮ মার্চ নারী দিবস উদযাপনের জন্য নির্বাচিত হয়েছে কারণ এই দিনেই সোভিয়েত রাশিয়ার মহিলারা তাদের ভোটদানের অধিকারের জন্য আন্দোলন শুরু করেছিলেন যা ১৯১৭ সালে মঞ্জুর হয়েছিল।

10. The venue of world conference on the issue of women organized by the UN in 1975 was
a) Mexico
b) Beijing

c) Delhi

d) New York

Ans. a) Mexico

The United Nations has organized four world conferences on women. The first conference took place in Mexico in 1975. The second conference took place in Copenhagen in 1980, and then third in Nairobi in 1985 and fourth conference took place in Beijing in the year of 1995. The main objectives of the conference are to set strategy and action plans for the advancement of women and achievement of gender equality. The areas of concern are: women and poverty, education and training of women, women and health, violence against women, women in power and decision making etc.

জাতিসংঘ মহিলা সংক্রান্ত বিষয় নিয়ে চারটি বিশ্ব সম্মেলনের আয়োজন করেছে। প্রথম সম্মেলনটি ১৯৭৫ সালে মেক্সিকোয় অনুষ্ঠিত হয়েছিল। দ্বিতীয় সম্মেলন ১৯৮০ সালে কোপেনহেগেনে অনুষ্ঠিত হয়েছিল, এবং তৃতীয়টি ১৯৮৫ সালে নাইরোবিতে এবং চতুর্থ সম্মেলনটি ১৯৯৫ সালে বেইজিংয়ে অনুষ্ঠিত হয়েছিল। সম্মেলনের মূল লক্ষ্যগুলি হল কৌশল নির্ধারণ করা এবং মহিলাদের অগ্রগতি এবং লিঙ্গ সমতা অর্জনের জন্য কর্ম পরিকল্পনা স্থির করা। আলোচনার ক্ষেত্রগুলি হ'ল: নারী ও দারিদ্র্য, নারী শিক্ষা, মহিলা প্রশিক্ষণ, মহিলা এবং স্বাস্থ্য, নারীর প্রতি সহিংসতা, নারীক্ষমতায়ন এবং সিদ্ধান্ত গ্রহণ ইত্যাদি।

11. The essay, The Subjection on Women is written by

a) Bertrand Russell

b) John Stuart Mill

c) Karl Marx

d) Engels

Ans. b) John Stuart Mill

John Stuart Mill (20 May 1806 – 7 May 1873) was an

English philosopher and liberal feminist thinker. The essay, The Subjection on Women published in 1869. Mill said that the inequality of women was a relic from the past, but it has no place in modern times. He writes that subordination of one sex to another is wrong in itself. The main hindrance to human improvement is seeing inequality between men and women. Equality must be established in order to establish a just society.

জন স্টুয়ার্ট মিল (২০ মে ১৯০৬ - ৭ মে ১৮৭৩) একজন ইংরেজ দার্শনিক এবং উদারবাদী নারীবাদী চিন্তাবিদ ছিলেন। এই প্রবন্ধটি১৮৬৯ সালে প্রকাশিত হয়েছিল। মিল বলেছিল যে নারীদের বৈষম্য অতীতকাল থেকেই ছিল, তবে আধুনিক যুগে এর কোনও স্থান নেই। তিনি লিখেছেন যে একটি লিঙ্গকে অন্য লিঙ্গের অধীনে থাকতে হবে এটা বর্তমান যুগে মানা যায় না, এটা একটা ভুল নীতি। মানব উন্নতির প্রধান প্রতিবন্ধকতা হচ্ছে পুরুষ এবং মহিলাদের মধ্যে বৈষম্য দেখা। ন্যায়বিচারের সমাজ প্রতিষ্ঠার জন্য অবশ্যই নারী এবং পুরুষের মধ্যে সমতা প্রতিষ্ঠিত করতে হবে।

12. A Dowry

a) is compensation to the bride's family for losing a daughter

b) is the transfer of money by the groom's family

c) is wealth received by the bride from her husband family

d) is compensation for taking responsibility for the bride where women are regarded as an economic burden.

Ans. d) is compensation for taking responsibility for the bride where women are regarded as an economic burden.

13. The Vishakha guidelines is related to

a) Sexual harassment at work place

b) Domestic violence

c) Rape law

d) None of the above

Ans. a) Sexual harassment at work place

Vishakha guidelines were given by the Supreme court of India, in Vishakha and others Vs State of Rajasthan case in 1997 regarding Sexual harassment at work place.

কর্মক্ষেত্রে যৌন হয়রানি বিষয়ে বিশাখা এবং অন্যান্য বনাম রাজস্থান সরকার কেস ১৯৯৭, মামলায় বিশাখা নির্দেশিকা সুপ্রিম কোর্ট কর্তৃক দেওয়া হয়েছিল।

14. Dalit women are oppressed by

a) Caste position

b) Patriarchy system

c) Class system

d) Both a and b

Ans. d) Both a and b

The meaning of Dalit is broken or scattered. Dalit is the name for people belonging to the lowest caste in India. They are also called Untouchable.

দলিত শব্দের অর্থ ভাঙা বা ছড়িয়ে ছিটিয়ে থাকা। দলিত হ'ল ভারতের জাতপাত ব্যবস্থার সর্বনিম্ন বর্ণের নাম। শূদ্র জাতিদের দলিত বলা হয়ে থাকে। তাদেরকে অস্পৃশ্যও বলা হয়।

15. The feminist perspectives which has patriarchy as its fundamental concepts in the explanation of gender inequality is

a) Liberal feminism

b) Radical feminism

c) Socialist feminism

d) Marxist feminism

Ans. b) Radical feminism

Radical feminism is one of the perspectives of feminism which said that society is fundamentally a patriarchy in which men dominated and oppressed the women. Radical feminism wants to reorder society in order to eliminate inequality between men and women. They think that in the patriarchal society women's rights cannot be established. Radical feminist seeks to abolish the patriarchal society to liberate everyone because the patriarchal society is an unjust society.

র্যাডিকাল ফেমিনিজম ফেমিনিজমের এমন একটি দৃষ্টিভঙ্গি যা বলে যে, সমাজ মূলত পুরুষতন্ত্র যেখানে পুরুষরা নারীদের উপর আধিপত্য বিস্তার করে এবং নিপীড়ন করে। র্যাডিকেল ফেমিনিজম নারী-পুরুষের মধ্যে বৈষম্য দূরীকরণের জন্য সমাজকে পুনর্বিন্যাস করতে চায়। তারা মনে করেন পুরুষতান্ত্রিক সমাজে নারীর অধিকার প্রতিষ্ঠা করা যায় না। উগ্র নারীবাদীরা সবাইকে মুক্ত করার জন্য পুরুষতান্ত্রিক সমাজকে বিলুপ্ত করতে চায় কারণ পিতৃতান্ত্রিক সমাজ একটি অন্যায্য সমাজ।

16. Sociologist use the term 'sex' to refer to
a) Anatomical and physiological differences
b) Erotic and physical practices
c) Psychological and social differences
d) Emotional and cultural practices
Ans. a) Anatomical and physiological differences
Anatomy is the branch of Biology which deals with the study of structure of organisms and their parts. Physiology is the branch of Biology which is concerned with the normal functions of living organisms and their parts.

অ্যানাটমি হ'ল জীববিজ্ঞানের একটি শাখা যা জীব এবং তার অংশগুলির কাঠামো বিষয়ে অধ্যয়ন বা আলোচনা করে। ফিজিওলজি হ'ল জীববিজ্ঞানের একটি শাখা যা জীবের স্বাভাবিক ক্রিয়াকলাপ এবং তাদের অংশ নিয়ে আলোচনা করে।

17. Discrimination generally means
a) Different treatment, better than normal
b) Different treatment, worse than normal

c) Equal treatment

d) Indifference

Ans. b) Different treatment, worse than normal

The dictionary meaning of discrimination is the unjust and prejudicial treatment of different categories of people especially on the grounds of race, sex, age and disability.

বৈষম্যের অভিধানিক অর্থ হ'ল জাতি, লিঙ্গ, বয়স এবং প্রতিবন্ধী ইত্যাদির ভিত্তিতে বিভিন্ন শ্রেণির লোকদের সাথে অন্যায় এবং পূর্বসংস্কারমূলক বা কুসংস্কারমূলক আচরণ করা।

18. Female infanticide is the practice of killing female infant immediately

a) After the birth

b) Before the birth

c) After marriage

d) None of the above

Ans. a) After the birth

19. Boys don't cry, it's the matter of

a) Sex

b) Psychology

c) Gender

d) all of the above

Ans. c) Gender

Traditionally and prejudicially it is believed that men are very strong and strict minded and women are very soft and emotional. But it is not accepted by the feminist thinkers.

প্রাচীণগতভাবে এবং সংস্কারগতভাবে এটি বিশ্বাস করা হয় যে পুরুষরা খুব দৃঢ় এবং কঠোর মনের মানুষ হন আর মহিলারা খুব নরম এবং সংবেদনশীলপ্রকৃতির হয়৷ তবে এটি নারীবাদী চিন্তাবিদরা গ্রহণ করেন না।

20. One of the strategies of Mahatma Gandhi behind using charkha was that

a) Women could participate even from their homes in the movement using charkha

b) Charkha was easily available

c) Charkha easy to use

d) Charkha did not break the laws

Ans. a) Women could participate even from their homes in the movement using charkha

Charkha is a device for spinning thread or yarn from fibres. It was fundamental to the cotton industry before the industrial revolution.

চরখা হল তন্তু থেকে সুতা বা সুতা কাটানোর একটি যন্ত্র। শিল্প বিপ্লবের আগে এটি তুলো শিল্পের জন্য মৌলিক উপাদান ছিল।

21. The liberal feminism was greatly strengthened by the writing

a) The Subjection on Women by J.S. Mill

b) Gender and History by Susan Kent

c) Women's Human Rights by Niamh Relly

d) Feminism or Womanism? A personal history by Cynthia Stephen

Ans, a) The Subjection on Women by J.S. Mill

John Stuart Mill (20 May 1806 – 7 May 1873) was an English philosopher and liberal feminist thinker. The essay, The Subjection on Women published in 1869. Mill said that the inequality of women was a relic from the past, but it has no place in modern times. He writes that subordination of one sex to another is wrong in itself. The main hindrance to human improvement is seeing inequality between men and women. Equality must be established in order to establish a just society.

জন স্টুয়ার্ট মিল (২০ মে ১৯০৬ - ৭ মে ১৮৭৩) একজন ইংরেজ দার্শনিক এবং উদারবাদী নারীবাদী চিন্তাবিদ ছিলেন। এই প্রবন্ধটি১৮৬৯ সালে প্রকাশিত হয়েছিল। মিল বলেছিল যে নারীদের বৈষম্য অতীতকাল থেকেই ছিল, তবে আধুনিক যুগে এর কোনও স্থান নেই। তিনি লিখেছেন যে একটি লিঙ্গকে অন্য লিঙ্গের অধীনে থাকতে হবে এটা বর্তমান যুগে মানা যায় না, এটা একটা ভুল নীতি। মানব উন্নতির প্রধান প্রতিবন্ধকতা হচ্ছে পুরুষ এবং মহিলাদের মধ্যে বৈষম্য দেখা। ন্যায়বিচারের সমাজ প্রতিষ্ঠার জন্য অবশ্যই নারী এবং পুরুষের মধ্যে সমতা প্রতিষ্ঠিত করতে হবে।

22. The first Indian Women's University was set up in 1916 by
a) Prof. D. K. Karve
b) Iravati Karve
c) Sarojini Naidu
d) Indira Gandhi
Ans. a) Prof. D. K. Karve
Shreemati Nathibai Damodar Thackersey Women's University is the first women's university in India and South-East Asia which was set up by Prof. Dhondo Keshav Karve in 1916 for spreading women's education.
শ্রীমতী নাথিবাই দামোদর ঠাক্কার্সী মহিলা বিশ্ববিদ্যালয় ভারত ও দক্ষিণ-পূর্ব এশিয়ার প্রথম মহিলা বিশ্ববিদ্যালয় যা ১৯১৬ সালে মহিলাদের শিক্ষা প্রসারের জন্য অধ্যাপক ধোন্দো কেশব কারভে প্রতিষ্ঠা করেছিলেন।

23. Gerontology is the study of
a) Human beings
b) Special groups
c) Aged and process of ageing
d) All of the above
Ans. c) Aged and process of ageing
Gerontology is the study of physical aspects of aging and

the mental, social and societal implications of aging.

জেরনটোলজি অধ্যয়ন হ'ল শারীরিক দিক এবং বার্ধক্যের মানসিক, সামাজিক এবং সামাজিক প্রভাবগুলির অধ্যয়ন।

24. The bill on Protection of Women from Domestic Violence was passed in the year

a) 1995

b) 2006

c) 1980

d) 2005

Ans. d) 2005

The bill on Protection of Women from Domestic Violence was brought into force by the Ministry of Women and Child Development on 26th October 2006. The aim of this act is to protect women from domestic violence. Domestic violence has many forms such as physical, emotional, verbal, psychological and sexual.

'গার্হস্থ্য হিংসা থেকে নারীদের সুরক্ষা 'এই আইন ২৬ অক্টোবর ২০০৬ সালে মহিলা এবং শিশু উন্নয়ন মন্ত্রণালয় দ্বারা আনা হয়েছে। এই আইনের উদ্দেশ্য হল গার্হস্থ্য সহিংসতা থেকে নারীদের রক্ষা হয়। ঘরোয়া সহিংসতার অনেকগুলো রূপ রয়েছে যথা শারীরিক, মানসিক, মৌখিক, মনস্তাত্ত্বিক এবং যৌনিক।

25. Which activity among the following is not a part of section 354-A of the Indian Penal Code?

a) Showing pornography against the will of a woman

b) Intercourse by a man with his wife during separation

c) A demand or request for sexual favor

d) Making sexually colored remarks

Ans. b) Intercourse by a man with his wife during separation

354-A of the Indian Penal Code said about Sexual

Harassment and Punishment for Sexual Harassment. According to code showing pornography against the will of a woman, A demand or request for sexual favor, Making sexually colored remarks and physical contact and advances involving unwelcome and explicit sexual overtures are the punishable act. Any man who commits the offence shall be punished with imprisonment for a term may be extended to three years or with fine or with both.

ভারতীয় দণ্ডবিধির ৩৫৪-A যৌন হয়রানি এবং যৌন নির্যাতনের শাস্তি সম্পর্কে বলা হয়েছে৷ কোনও মহিলার ইচ্ছার বিরুদ্ধে অশ্লীল চিত্র দেখানো এই আইন অনুসারে, যৌন অনুগ্রহের দাবি বা অনুরোধ, যৌন বর্ণ সম্বলিত মন্তব্য এবং শারীরিক যোগাযোগ করা এবং অপ্রত্যাশিত এবং স্পষ্টত যৌন প্রস্তাব শাস্তিযোগ্য কাজ বলে পরিগণিত হয়৷ যদি কোন ব্যক্তি এই অপরাধটি করে তবে তার তিন বছরের কারাদন্ড বা জরিমানা বা উভয় দণ্ডে দণ্ডিত হতে পারে।

26. The fourth world conference on women was held in Beijing in

a) 1994

b) 1995

c) 1996

d) 1998

Ans. b) 1995

The United Nations has organized four world conferences on women. The first conference took place in Mexico in 1975. The second conference took place in Copenhagen in 1980, and then third in Nairobi in 1985 and fourth conference took place in Beijing in the year of 1995. The main objectives of the conference are to set strategy and action plans for the advancement of women and achievement of gender equality. The areas of concern are:

women and poverty, education and training of women, women and health, violence against women, women in power and decision making etc.

জাতিসংঘ মহিলা সংক্রান্ত বিষয় নিয়ে চারটি বিশ্ব সম্মেলনের আয়োজন করেছে। প্রথম সম্মেলনটি ১৯৭৫ সালে মেক্সিকোয় অনুষ্ঠিত হয়েছিল। দ্বিতীয় সম্মেলন ১৯৮০ সালে কোপেনহেগেনে অনুষ্ঠিত হয়েছিল, এবং তৃতীয়টি ১৯৮৫ সালে নাইরোবিতে এবং চতুর্থ সম্মেলনটি ১৯৯৫ সালে বেইজিংয়ে অনুষ্ঠিত হয়েছিল। সম্মেলনের মূল লক্ষ্যগুলি হল কৌশল নির্ধারণ করা এবং মহিলাদের অগ্রগতি এবং লিঙ্গ সমতা অর্জনের জন্য কর্ম পরিকল্পনা স্থির করা। আলোচনার ক্ষেত্রগুলি হ'ল: নারী ও দারিদ্র্য, নারী শিক্ষা, মহিলা প্রশিক্ষণ, মহিলা এবং স্বাস্থ্য, নারীর প্রতি সহিংসতা, নারীক্ষমতায়ন এবং সিদ্ধান্ত গ্রহণ ইত্যাদি।

27. CEDAW stands for

a) Convention on Elimination of all Forms of Discrimination against Women

b) Cooperation on Elimination of all Forms of Discrimination against Women

c) Coordination on Elimination of all Forms of Discrimination against Women

d) None of the above

Ans. a) Convention on Elimination of all Forms of Discrimination against Women

Convention on Elimination of all Forms of Discrimination against Women is adopted by UN in 1979, it describe as international bill for women rights. The purpose of CEDAW is to eliminate the discrimination of women and men.

সকল প্রকারের বৈষম্য দূরীকরণ সম্পর্কিত কনভেনশন ১৯৭৯ সালে জাতিসংঘ কর্তৃক গৃহীত হয়েছিল, এটিকে নারী অধিকার সম্পর্কিত আন্তর্জাতিক বিল হিসাবে গণ্য করা হয়। সিইডিএডব্লিউর উদ্দেশ্য হল নারী ও পুরুষের মধ্যে বৈষম্য দূর

করা।

28. The committee on the status of women in India was formed in
a) 1971
b) 1989
c) 1982
d) 1999
Ans. a) 1971

29. The report of the committee on the Status of Women was published in
a) 1964
b) 1974
c) 1984
d) None of the above
Ans. b) 1974

Towards equality is the title of this report. Vina Majumder and Lotika Sarkar are the author of this report. This report stresses on the girls' education, says about development and democracy in the perspectives of gender and recommends improving the women participation in policy making.

'সমতার দিকে' - হল এই প্রতিবেদনের শিরোনামা এই প্রতিবেদনের লেখক হলেন ভিনা মজুমদার ও লোটিকা সরকার। এই প্রতিবেদনে মেয়েদের শিক্ষার উপর জোর দেওয়া হয়েছে, লিঙ্গের দৃষ্টিকোণ থেকে নারী উন্নয়ন এবং গণতন্ত্র সম্পর্কে আলোচনা করা হয়েছে এবং নীতি নির্ধারণে নারীদের অংশগ্রহণের উন্নতির পরামর্শ এই প্রতিবেদনে দেওয়া হয়েছে

30. The book, A Vindication of the Rights of Women (1792) was written by

a) Virgina Woolf

b) Mary Wollstonecraft

c) J S Mill

d) Martha Nussbaum

Ans. b) Mary Wollstonecraft

Mary Wollstonecraft (27 April 1759 – 10 September, 1797) was an English writer, philosopher and advocate of women's rights. In her book A Vindication of the Rights of Women, she argues that women and men are both rational beings. Women are not inferior to men, it is happening because of lack of education. She suggests that both men and women should be treated equally, because naturally they are equal.

মেরি ওলস্টোনক্র্যাফ্ট (২ April এপ্রিল 1759 - 10 সেপ্টেম্বর, 1797) একজন ইংরেজ লেখক, দার্শনিক এবং মহিলাদের অধিকারের পক্ষের লোক ছিলেন। নারীদের অধিকার সম্পর্কিত তার গ্রন্থে তিনি যুক্তি দেখিয়েছেন যে নারী এবং পুরুষ উভয়ই যুক্তিযুক্ত প্রাণী। মহিলারা পুরুষের চেয়ে নিকৃষ্ট নয়, শিক্ষার অভাবেই এটি ঘটছে। তিনি পরামর্শ দেন যে পুরুষ ও মহিলা উভয়েরই প্রতি সমান আচরণ করা উচিত, কারণ স্বাভাবিকভাবেই তারা সমান।

31. 'One is not born a woman, one becomes woman' who said this?

a) Simone de Beauvoir

b) Wollstonecraft

c) Millet

d) None of the above

Ans. a) Simone de Beauvoir

She was born 9 January 1908 and died on 14 April 1986. She was a French writer, existentialist, feminist and social theorist. When a girl's body matures, society reacts in an increasingly hostile and threatening manner. Slowly a girl becomes a flesh. A girl is forced to think that she is flesh though she does not want to think like this. Society forces her to think that way.

সিমোন ডি বেউভায়ার জন্মগ্রহণ করেছিলেন ৯ জানুয়ারী ১৯০৮ এবং তিনি ১৯৮৬ সালের ১৪ এপ্রিল মারা যান। তিনি ছিলেন ফরাসি লেখক, অস্তিত্ববাদী, নারীবাদী এবং সামাজিক তাত্ত্বিক। তিনি বলেন যখন কোনও মেয়ের দেহ পরিপক্ক হয়, তখন সমাজ ক্রমবর্ধমান প্রতিকূল ও হুমকিপূর্ণ প্রতিক্রিয়া দেখায়। আস্তে আস্তে একটি মেয়ে মাংসে পরিণত হয়। কোনও মেয়েকে ভাবতে বাধ্য করা হয় যে তিনি হল মাংস সর্বস্ব, শুধুমাত্র দেহধারী জীব। যদিও সে এভাবে ভাবতে চায় নাকিন্তু সমাজ তাকে সেভাবে ভাবতে বাধ্য করে।

32. Gender stereotypes are simplistic generalizations about the gender

a) Attributes

b) Difference

c) Sexual difference

d) All of the above

Ans. a) Attributes

A gender stereotype is a general view or perception about the attributes or characteristics or roles that are possessed or performed by women and men. E.g., the traditional view about women as caregivers. The woman's responsibility is child caring etc.

জেন্ডার ভূমিকা বা কখনও কখনও একে যৌন ভূমিকা বলা হয়। এটি একটি সামাজিক ভূমিকা বা দৃষ্টিভঙ্গি বা আচরণ যা ব্যক্তির জৈবিক বা অনুভূত লিঙ্গের ভিত্তিতে একজন ব্যক্তির জন্য সামাজিক ভূমিকা নির্ধারণ করে। উদাহরণস্বরূপ মহিলাদের ভূমিকা শিশু যত্ন নেওয়া এবং লালন পালন করা, রান্না করা এবং ঘর পরিষ্কার করা। আর পুরুষদের ভূমিকা উপার্জন এবং পরিবার প্রতিপালন করা।

33. The liberal feminism believes that women's emancipation is

a) Possible within the existing system

b) Not possible within the existing system

c) Already being at an advanced stage

d) Never possible

Ans. a) Possible within the existing system

Liberal feminism is also called mainstream feminism is the feminist theory which focus to achieve the gender equality through political and legal reform within the frame work of liberal democracy.

লিবারেল নারীবাদকে মূলধারার নারীবাদ বলা হয়। এটি একটি নারীবাদী তত্ত্ব যা উদার গণতন্ত্রের কাঠামোর মধ্যে রাজনৈতিক ও আইনী সংস্কারের মাধ্যমে লিঙ্গ সমতা অর্জনের দিকে দৃষ্টি নিবদ্ধ করে।

34. The idea of Universal Sisterhood was advocated by

a) Socialist feminist

b) Radical feminist

c) Liberal feminist

d) Traditional feminist

Ans. b) Radical feminist

Radical feminism is one of the perspectives of feminism which said that society is fundamentally a patriarchy in which men dominated and oppressed the women. Radical feminism wants to reorder society in order to eliminate inequality between men and women. They think that in the patriarchal society women's rights cannot be established. Radical feminist seeks to abolish the patriarchal society to liberate everyone because the patriarchal society is an unjust society.

র‍্যাডিকাল ফেমিনিজম ফেমিনিজমের এমন একটি দৃষ্টিভঙ্গি যা বলে যে সমাজ মূলত পুরুষতন্ত্র, যেখানে পুরুষরা নারীদের উপর কর্তৃত্ব ও নিপীড়ন করে।

র‍্যাডিকেল ফেমিনিজম নারী-পুরুষের মধ্যে বৈষম্য দূরীকরণের জন্য সমাজকে পুনর্বিন্যাস করতে চায়। তারা মনে করেন পুরুষতান্ত্রিক সমাজে নারীর অধিকার প্রতিষ্ঠা করা যায় না। উগ্র নারীবাদীরা সবাইকে মুক্ত করার জন্য পুরুষতান্ত্রিক সমাজকে বিলুপ্ত করতে চায় কারণ পিতৃতান্ত্রিক সমাজ একটি অন্যায্য সমাজ।

35. Gender studies refer to the academic study of the phenomena of
a) Gender
b) Sex
c) Patriarchy
d) None of the above
ans. a) Gender
Gender studies is an interdisciplinary subject which deals with gender, gender identity, gender representation etc. it also includes the women studies, feminism, gender politics and gender economics.
জেন্ডার অধ্যয়ন একটি আন্তঃশাস্ত্রীয় বিষয় যা লিঙ্গ, লিঙ্গ পরিচয়, লিঙ্গ প্রতিনিধিত্ব ইত্যাদির সাথে সম্পর্কিত বিষয়গুলো আলোচনা এবং পর্যালোচনা করে। এই শাস্ত্রে নারী অধ্যয়ন, নারীবাদ, লিঙ্গ রাজনীতি এবং লিঙ্গ অর্থনীতিও অন্তর্ভুক্ত রয়েছে।

36. 'World historical defeat of the female sex' meant for Friedrich Engels is both the transformation of women into property and
 a) Abolition of Right to education for women
b) Disappearance of mother's right
c) Exclusion of women as voters
d) None of the above
Ans. b) Disappearance of mother's right
Frederich Engles (28 November 1820 – 5 August 1895) was a German philosopher, economist, political theorist and revolutionary socialist.

ফ্রেডেরিচ এঙ্গেলসের(২৮ নভেম্বর ১৮২০ - ৫ আগস্ট ১৮৯৫) ছিলেন একজন জার্মান দার্শনিক, অর্থনীতিবিদ, রাজনৈতিক তাত্ত্বিক এবং বিপ্লবী সমাজতান্ত্রিকা

37. Research in India shows that women's risk of intimate violence is linked to
a) Tolerance of violence against women in the community
b) Lack of education in male partners
c) Poverty
d) None of the above
Ans. a) Tolerance of violence against women in the community

38. The type of violence that occurs in intimate partnership can be physical, sexual and
a) Political
b) Financial
c) Psychological
d) Biological
Ans. c) Psychological
Psychological violence is the intentional act that results in physical, mental, moral and social harm, it includes insulting, threat and verbal attack or abuse.
মানসিক সহিংসতা হ'ল ইচ্ছাকৃত কাজ যা শারীরিক, মানসিক, নৈতিক ও সামাজিক ক্ষতি করে৷ অপমানজনক, হুমকি এবং মৌখিক আক্রমণ বা নির্যাতন এগুলোও মানসিক সহিংসতাকে বোঝায়৷

39. In India the pioneer of feminism (liberal) is
a) Iswar Chandra Vidyasagar
b) Rabindranath Tegore
c) Irom Chanu Sharmila
d) Raja Ram Mohan Roy

Ans. d) Raja Ram Mohan Roy

Raja Ram Mohan Roy (22 May 1772 – 27 September 1833) was an educationist, social reformer and one of the founders of Brahmo Sabha. He was known for his effort to abolish Sati system and Child marriage. He is also known as the Father of Bengal Renaissance. The title 'Raja' is given by Akbar II, Mughal Emperor. Liberal feminism is also called mainstream feminism is the feminist theory which focus to achieve the gender equality through political and legal reform within the frame work of liberal democracy.

রাজা রাম মোহন রায় (22 মে 1772 - 27 সেপ্টেম্বর 1833) ছিলেন একজন শিক্ষাবিদ, সমাজ সংস্কারক এবং ব্রাহ্মসভার অন্যতম প্রতিষ্ঠাতা। তিনি সতী ব্যবস্থা এবং বাল্য বিবাহ বিলোপ করার প্রচেষ্টার জন্য পরিচিত ছিলেন। তিনি বঙ্গীয় রেনেসাঁর ফাদার হিসাবেও পরিচিত৷ 'রাজা' উপাধিটি মোগল সম্রাট দ্বিতীয় আকবর তাকে দিয়েছেন৷ লিবারেল ফেমিনিজমকে মূলধারার নারীবাদও বলা হয়। এটি একটি নারীবাদবাদী তত্ত্ব যা উদারনৈতিক গণতন্ত্রের কাঠামোর মধ্যে রাজনৈতিক ও আইনী সংস্কারের মাধ্যমে লিঙ্গ সমতা অর্জনের দিকে দৃষ্টি নিবদ্ধ করে।

40. Friedrich Engels suggested that for women to reclaim humanity, it is necessary that they would have enter into realm of

a) Cultural activities

b) Agricultural works

c) Social production

d) Fine arts

Ans. c) Social production

According to Marx and Engels people must enter into the social production or social relation in order to survive. Women will not be considered human if they do not participate in production or do not earn and engage themselves in social relationships.

মার্কস এবং এঙ্গেলসের মতে মানুষের বেঁচে থাকার জন্য সামাজিক উত্পাদন বা সামাজিক সম্পর্কের মধ্যে অবশ্যই প্রবেশ করতে হবে। মহিলারা যদি উৎপাদনে অংশ না নেয় বা উপার্জন না করে এবং সামাজিক সম্পর্কের সাথে নিজেকে জড়িত না করে তবে তারা মানব হিসাবে বিবেচিত হবে না।